퇴근 후,
온라인강사로
변신한 **홍대리**

퇴근 후,
온라인강사로
변신한 홍대리

ⓒ 윤서아 외, 2024
초판 1쇄 인쇄 2024년 6월 27일
초판 1쇄 발행 2024년 7월 12일

공저자 윤서아 이동호 강경일 곽연호 김미정 안보미 이은하 정유진 김수진
펴낸곳 재노북스
펴낸이 이시은
디자인 사락, 안나영
편 집 사락, 유수진

ISBN   979-11-93297-05-6 (13370)
정가   19,500원

출판등록   2022년 4월 6일 (제2022-000006호)

서울시 금천구 가산디지털1로 205-27, 에이원 705호
팩 스 ㅣ 050-4095-0245
이메일 ㅣ dasolthebest@naver.com
원고접수 ㅣ 이메일 혹은 재노북스 카카오톡채널

당신의 경험이 재능이 되는 곳
당신의 노력이 노하우가 되는 곳
책으로 당신의 성장을 돕습니다.

작가님의 참신한 아이디어나 원고를 기다립니다.
접수한 원고는 검토 후 연락드리겠습니다.

재노북스

**퇴근 후의 시간,
온라인 강의로 금쪽같이 활용하라**

퇴근 후,
온라인강사로
변신한 홍대리

돈 되는 온라인클래스
나는 자면서도 돈을 번다

윤서아 이동호 강경일 곽연호 김미정 안보미 이은하 정유진 김수진 공저

재노북스

추천사

이 책은 AI를 활용한 교육 컨텐츠 제작의 혁신적 방법을 제시하며, 온라인 교육의 미래를 재정의합니다. 독창적인 전략과 실용적인 예시가 가득한 이 책은 교육자와 컨텐츠 제작자에게 필수적인 지침서입니다. 학습 효과를 극대화하고 교육 접근성을 향상시키는 방법을 체계적으로 설명합니다. 교육 혁신을 위한 첫걸음으로, 이 책을 강력히 추천합니다.

김율 슈퍼 비주얼 시스템 대표

'퇴근후 온라인강사로 변신한 홍대리'는 지식 창업의 꿈을 키우는 이들에게 영감을 주는 책입니다. 온라인 시대에 지식과 경험을 나누고자 하는 모든 이들에게 실용적인 가이드와 격려의 메시지를 전달하고 있으며, 당신의 지식 창업 여정을 시작하는 데 있어 이 책이 든든한 동반자가 될 것입니다.

신해리 해리컴티 대표

포스트코로나 시대, 지식창업의 디지털화도 가속화되고 있습니다. 본 서에는 온라인 강사로서 알아야 할 노하우와 함께 생생한 사례들까지 잘 담겨있습니다. 자신만의 차별화된 온라인 콘텐츠를 기획하고 상품화하여 수익화 하기까지 어떻게 해야 할지 구체적으로 알고 싶은 분들에게 이 책을 추천합니다.

유진혁 벤처인사이트 대표 겸 창업기업CEO코치

추천사

AI 시대의 교육 혁명을 선도하는 필독서, 이 책은 온라인 교육의 미래를 제시합니다. AI 기술을 활용한 혁신적인 교육 컨텐츠 제작 전략을 상세히 다루며, 실제 적용 가능한 구체적인 방법론을 제공합니다. 교육자와 컨텐츠 제작자 모두에게 필수적인 지침서입니다. 이 책을 통해 여러분은 교육의 새로운 지평을 열어갈 수 있을 것입니다.

윤성임 소셜앤비즈 대표

온라인 교육의 미래를 밝히는 등대, 기술과 교육의 융합이 만들어내는 시너지를 완벽하게 포착한 책입니다. 저자들의 살아있는 현장 경험이 독자들에게 풍부한 인사이트를 줍니다. AI를 활용한 교육 혁신에 관심 있는 모든 이에게 강력히 추천합니다. 이 책은 여러분의 교육 방식을 근본적으로 변화시킬 것입니다.

강수현 부천 엠마영어공부방 원장

교육과 기술의 만남, 온라인 학습의 미래를 밝히다, 이 책은 교육과 첨단 기술의 융합이 창출하는 놀라운 시너지를 작가들만의 경험으로 승화해낸 스토리를 담고 있습니다. 온라인 교육의 무한한 가능성을 탐험하고 싶은 분들에게 필수적인 안내서입니다.

전명희 글로담다 대표, 한국미디어창업뉴스 수석기자

디지털 강사들은 디지털 소외 계층에게 필수적인 기술을 교육하며, 대한민국의 디지털 격차 해소에 중요한 역할을 하고 있습니다. 이 책은 그들의 헌신과 노력, 디지털 포용 사회를 향한 비전을 담고 있습니다. 디지털 시대에 필수적인 이 책이 많은 이들에게 영감을 주기를 바랍니다.

안수현 별나스쿨 대표

프롤로그

생성형 AI가 앞당긴 분초사회, 시공간의 경계를 허무는 인공지능 시대는 '슈퍼개인'의 시대입니다. 초거대 AI는 인류의 삶을 어떻게 변화시킬까요?

메타버스를 넘어 인공지능이 주도하는 새로운 시대가 도래했습니다. 이 시대에 온라인 강의는 그 어떤 분야보다 빠르게 진화하고 있습니다. 본서는 온라인 강의의 준비와 운영에 필요한 핵심 정보를 제공하지만, 이는 시작에 불과합니다.

온라인 강의는 지속적인 학습과 성장이 요구되는 분야로, 강의의 질적 향상, 수강생과의 긴밀한 소통, 최신 기술과 트렌드의 습득이 필수적입니다. 저자들의 경험을 토대로 쓰인 이 책은 온라인 강의의 매력과 도전, 그리고 기회를 소개합니다. 전 세계를 무대로 지식을 나눌 수 있는 자유로움은 온라인 강의의 큰 장점입니다. 초보자의 시행착오부터 전문가의 노하우까지, 단계별로 상세히 설명하여 여러분의 성공적인 온라인 강사 되기를 지원합니다.

우리의 이야기는 좌절과 성장을 거듭한 '살아있는 경험'입니다. 단순한 조언을 넘어, 각자의 성향에 따라 열리는 '기회의 문'이 다름을 강조합니다. 경제적 자립과 자아실현을 꿈꾼다면, 온라인 강사로의 도전을 권합니다. 교사와 학생의 관계는 상호 성장의 장이며, 특히 교사에게 더 큰 배움의 기회가 됩니다.

현장 강의의 장점에도 불구하고, 온라인 강의의 인기는 지속적으로 상

프롤로그

승하고 있습니다. 이는 접근성과 편의성 때문입니다. 자기계발 영역에서 건강 관리 다음으로 중요한 것은 자아 만족감입니다. 이는 자존감, 성취감, 유대감과 밀접하게 연관되어 있으며, 끊임없는 학습과 성장을 통해 유지됩니다.

우리가 살고 있는 정보화 시대에서 온라인 교육은 더 이상 선택이 아닌 필수가 되었습니다. 기술의 발전은 교육 방식의 혁신을 가능하게 하였고, 그 중심에 인공지능(AI)이 자리 잡고 있습니다. "AI 활용 온라인 동영상 교육 과정 제작 전략"은 이러한 변화의 최전선에서 교육 컨텐츠 제작자와 교육자들에게 새로운 기회를 제공합니다.

이 책이 여러분의 온라인 강의 여정의 첫걸음이 되기를 바랍니다. 무한한 가능성을 발견하고, 자신감 있게 나아가시길 바랍니다. 여러분의 도전에 우리의 경험이 작은 도움이 되길 희망하며, 온라인 강의 세계에서의 빛나는 성과를 응원합니다.

1년여에 걸친 집필과 고된 교정 편집 과정을 함께 견뎌낸 공저자 여러분께 깊은 감사를 표합니다. 찬란하게 빛날 저자들의 미래를 그려봅니다. 이 책이 독자 여러분 한 분 한 분의 끊임없는 성장과 눈부신 성공을 위한 견고한 초석이 되기를 진심으로 기원합니다.

2024년 5월 가산동 재노스쿨 사무실에서
윤서아코치 올림

목 차

추천사   4
프롤로그   6

PART 1
나는 퇴근후 온라인강의장으로 출근한다_ 윤서아

블로그, 너는 뭐지?	15
2백만 직장인의 로망, N잡시대 수익화	16
내가 누군지 모르면서 꿈부터 꾸지 마라	20
온라인강의, 어떻게 시작하나요?	22
디지털배움터 279억, 디지털강사 5천명 양성 시대	40

PART 2
AI 활용 온라인 동영상 교육 과정 제작 전략_이동호

온라인강사	49
디지털강사	51
인공지능강사	52
타겟 시장 및 니즈 분석	56
커리큘럼 설계의 최적화	58
고품질 컨텐츠 제작	59
SEO와 키워드 최적화	61
학습자 데이터 분석 및 피드백 반영	62
스케일링 전략	63
다중 플랫폼 배포	65
소셜 미디어와 인플루언서 마케팅	66
구독 및 회원 기반 모델 활용	68
온라인 교육의 가치 제안 강화	69

목 차

PART 3
온라인강사가 되는 길
: 당신의 성공적인 커리어를 위한 가이드_강경일

매력적인 강의안 작성법	75
강의 현장에서 전달력 높이는 스피치 기법	78
스마트한 줌 활용법	81
인공지능 활용 강의 기획서, 제안서 작성	84
SNS 강의 홍보 전략	87

PART 4
오프라인 베이킹 강사의
새로운 크리에이티브로 가는 길_곽연호

시작의 떡잎은 언제부터	92
취미가 직업이 되기까지	94
제과제빵 학원강사에서 스위츠 테이블의 시작	95
코로나와 스위츠 테이블	97
또 다른 내가 되기 위한 노력	100
또 다른 목표가 생기다	101
베이킹 강사가 되려면	104
베이킹 공방을 운영해 보고 싶은 분들에게	106
베이킹 강사의 영역은 어디까지	108
베이킹이라 불리는 제과 제빵의 현황	110
베이킹으로 온라인 강사되기	112
스위츠 테이블, 곽연호	114

목 차

PART 5
**일만 하던 직장인이
　　숏폼 강사를 선택한 진짜 이유**_김미정

15초의 마법! 틱톡의 매력에 빠지다	123
호기심이 부른 틱톡 강사의 꿈	126
왜 숏폼이어야 하는가?	132
돈이 없어도 미래를 준비할 수 있는 강사가 되자	137
비기너 강사로 비로소 강사의 문을 열다	141
온라인 강사로 매일 성장하는 비법	144

PART 6
**강사와 리더 인스타로 열린
　　젊줌마의 인생 2막**_안보미

순진한 아줌마의 인스타 입문기	153
쏠라의 탄생, "네가 뭔 데, 협찬을 해준 대?"	155
2개 팔린 첫 공동구매부터 매출 650만 원 달성까지	158
제품과 구매자의 연결자. "내가 제일 잘 알아."	163
나도 할 수 있는 거야? '쏠공스'의 시작	164
쏠라님 덕분이에요	169
조급함은 실패를 낳는다.	174
나 안보미, 엄마, 그리고 쏠라의 균형 잡기	177
시작을 하면 길이 열린다	179

목 차

PART 7
핸드폰 하나로 장관상 받은 라이브커머스 강사의 비법서_이은하

나는 연 매출 2억의 잘나가는 오감발달 강사였다.	185
추락 아래에는 시작이 있다.	188
엄마의 바람대로 나는 45살에 쇼호스트가 됐다.	191
숏폼챌린지에서 산자부 장관상을 받은 쇼호스트가 되다.	194
장관상 받은 쇼호스트 자면서도 돈 버는 온라인 강사로 데뷔하다.	198
핸드폰 하나로 전국 방방곡곡을 누비는 쇼호스트의 꿈	203

PART 8
틱톡과 함께한 나의 브랜딩 여정_정유진

사진은 나의 첫 콘텐츠	213
영어를 가르치는 정쌤에서 틱톡 크리에이터로	214
틱톡, 어떻게 시작하나요? 프로필 설정부터	217
틱톡 리워드와 조회수	221
재노스쿨 틱톡 챌린지 리더	225
챌린지 당첨	226
틱톡크리에이터로서의 성장	228

PART 9
실패의 끝이 아름다운 이유_김수진

나의 N 번째 창업 이야기	235
코로나 시대, 온라인 수업의 시작	237
온라인 강사로 살아남은 비결	239
온라인 강의 판매 전략	242
경험이 만든 또 다른 기회	244

윤서아

"학교를 떠나 새로운 학교를 세웠다." 온라인 교육 플랫폼 미디어창업아카데미와 재노스쿨을 시작으로, 인공지능활용강사양성부터 SNS디자인마스터, 북디자인창업, 구글웍스, 노션생산성관리전문가 과정 등을 운영 중이다. 60여 개의 자격과정과 창업준비과정도 함께 진행 중이다. 최근 출판기획마케팅, 그림동화, 에세이, 1인기업 대표 자서전 기획편찬, 언론 홍보 마케팅으로 활동 범위를 확장하고 있다. 인공지능콘텐츠제작과 1인미디어창업을 통해 기업, 재단, 협회가 요구하는 AI 활용 교육 및 훈련에도 참여 중이다. 온라인 교육의 가능성을 끊임없이 탐구하며, 더 많은 이들에게 실용적인 배움의 기회를 제공하기 위해 노력 중이다.

- 전국평생학습센터, 전국교육청, 교원연수원, KB손해보험, 소상공인진흥공단 대학중앙학습센터, 창업보육센터 기관 초청강의 진행(2020~) 100회 이상 출강
- 한국미디어창업뉴스 대표 언론마케팅 기획 및 총괄
- 한국미디어창업연구소 대표 민간자격과정 기획 및 총괄
- 강연 및 게재 원고 문의 : dasolthebest@naver.com

퇴근 후

온라인강사로
변신한 홍대리

Part 1

**나는 퇴근후
온라인 강의장으로 출근한다.**

CONTENTS

블로그, 너는 뭐지?

2백만 직장인의 로망, N잡시대 수익화

내가 누군지 모르면서 꿈부터 꾸지 마라

온라인강의, 어떻게 시작하나요?

디지털배움터 279억, 디지털강사 5천명 양성 시대

블로그, 너는 뭐지?

　2019년 6월 저녁, 이른 더위가 기승이었다. 강남의 낡은 건물 2층에서 SNS 마케팅 강의를 처음 접했다. 평범함으로 무장하고 살아가던 나에게 소셜미디어와 마케팅 분야는 생소한 세상이었다. 정말로 '그사세(그들이 사는 세상)'였다. 핵심 키워드, 서브 키워드를 추출하면서 블로그 포스팅하는 법을 배웠다. 한글을 처음 익히는 초등학생처럼 선생님 말씀 하나라도 놓칠세라 귀를 쫑긋 세우고 메모했다. 그날 저녁 네이버 블로그 화면을 열고 한참을 들여다보았다. '그래서 어쩌지? 배우기는 배웠는데 어떤 제목으로 글을 써야 하나?'

　저녁 식사 후 시작된 회심의 첫 블로그 포스팅은 새벽 4시경 네이버 블로그가 닫히면서 몽땅 날려 먹었다. '네이X! 말도 안 돼' 컴퓨터를 폭파하고 싶은 심정이었다. '네이버 본사가 분당에 있었던가? 쳐들어가야 하나?' 머릿속은 분노와 황당함으로 지쳐갔다. 결국 길게 내려앉은 다크서클과 함께 나와 블로그의 인연은 시작되었다. 이 인연이 내 인생을 얼마나 바꿔 놓을지 그때는 알지 못했다.

　일주일 뒤 토요일 오후 다시 한번 블로그를 켰다. 이번에는 날려 먹지 않을 테다. 임시저장을 수시로 누르면서 글을 작성해 나갔다. 그렇게 눈에 불을 켜고, 임시저장 버튼을 여러 차례 누르면서 장장 7시간 동안 영혼을 갈아 넣은 첫 포스팅이 완성되었다. 선생님이 가르쳐준 방법대로 따라 하는 것만 총 7시간이 걸렸다. 블로그 포스팅에서 절대 하면 안 되는 것, 꼭 해야 하는 것, 이미지는 어떤 것을 써야 하고, 키워드는 어떤 식으로 문장에 녹여내는지 모두 체크한 후 발행 버튼을 눌렀다. '아~ 두근두근… 블로그 포스팅 한 번에 이렇게 심장이 쪼이는 기분이라니'

나의 첫 포스팅이 네이버에서 검색이 되는지, 키워드 검색 시 첫 페이지에 노출되는지, 몇 위로 노출되는지 궁금해서 미칠 지경이었다. 3시간 뒤 키워드를 검색했더니 '어머나, 내 글이 첫 페이지 맨 위에 떠 있는 것이 아닌가? 헉… 아… ' 마음속으로 눈물이 찔끔 흐르는 느낌이었다.

'선생님이 가르쳐주신 대로 그대로 적용하니깐 상위 노출이라는 것을 하는구나! 선생님 감사해요!' 나의 SNS마케팅 첫 선생님과의 인연은 그렇게 시작되었다. 진지하게 SNS 마케팅을 현장에 적용하고 계시는 나의 첫 선생님은 이 분야에서 독보적인 자리매김을 하고 계시다.

그렇게 입문하게 된 SNS 마케팅은 배울수록 어려운 분야였다. 매번 좌절과 흥분이라는 시소를 타게 되는 것도 신선한 경험이었다. 알 듯 말 듯 하면서 수수께끼 같은 녀석이었다. 그중 블로그와의 인연은 세상과 소통하는 새로운 방법이었다. 학교에서 가르친 적 없고, 배운 적 없는 미디어 소통법은 매력 그 자체였다.

2백만 직장인의 로망, N잡시대 수익화

직장인들의 30대 후반은 새로운 진로에 대해 고민하기 시작하는 시점이다. 나 또한 지금의 일을 계속할 것인지, 삶의 방향을 변경할 것인지 치열하게 고민하기 시작했다. 그즈음 경제적 독립이라는 직장인들의 영원한 숙제를 해결하고자 부동산과 배당주, 연금, 금융상품에 대해 한창 빠져있었다.

평택의 한 직장에서 근무하던 나는 퇴근하자마자 M버스를 타고 강남역에 도착한 뒤 3-4시간 현장 강의를 듣고 다시 M버스를 타고 내려왔다. 이동시간만 하룻저녁에 총 4시간 정도 소요되는 강행군이었다. 지금은 못할 것 같은데, 그때는 체력이 좋았는지 절실했는지 그렇게 치열하게 새로운 세상을 배워나갔다.

이 생활이 4년째를 넘어가던 2019년 겨울, 코로나19라는 팬데믹이 시작되었다. 몇 개월 지나면 나아지리라 기대했지만, 코로나는 2년을 훌쩍 넘게 우리 삶을 바꿔놓기 시작했다. 온라인 라이브강의가 모든 학습의 메인으로 자리 잡았고, 블로그로 시작된 SNS마케팅 입문은 팬데믹 시대를 만난 내 삶에 무기가 되었다. 오프라인 모임이 불가능해지자 사람들은 하나둘 온라인으로 모여들었다. 온라인 세상에서 커뮤니티를 형성해 나갔다. 얼굴도 모르는 한 번도 만난 적 없던 우리들은 웹상에서 끈끈한 연대를 형성하기 시작했다.

학교 밖에서 만난 일반인 친구들은 늘 도전하고 소통하는 공통점을 가지고 있었다. 학교가 아닌 곳에서 학교보다 더 치열하게 공부하고 성장하는 그들이 나에게는 충격이었다. 아카데믹한 커리어를 쌓고 학교 교사라는 안정적인 직업에 안주해 있던 내 모습이 부끄럽게 느껴지기도 했다.

'세상 밖으로 나온 나는 아무것도 아니구나. 할 줄 아는 게 없구나!' 위기의식을 느끼기 시작한 시점이기도 했다. 영원한 직장은 없으니깐. 온전한 나로서 세상과 소통하는 방법을 익히는 것이 시급하다고 생각했다.

내가 잘하는 것 중 세상과 소통할 접점을 찾아보았다. 그중 하나가 블로그 글쓰기였고, 강의였다. 초등에서 중고등학생까지, 대학의 학부생들과 석박사 대학원생까지 가르쳐봤던 강의경력은 그나마 유일한 자신감의 원천이었다. '그래, 강의는 많이 해봤고, 심지어 연령대도 다양하게 가르쳐 본 경험이 있지.' 이것이 내가 가진 경험이지.

2020년 새해 연휴 다들 여행에 고향 방문에 분주할 때, 저자는 강남 강의장으로 향했다. 블로그 글쓰기 원데이 세미나였다. 6시간 동안 책을 읽고, 책 속의 문장을 참고해서 비틀어 쓰기, 다시쓰기, 블로그 글쓰기를 하는 과정이었다. 이날의 원데이세미나가 내 삶의 전환 스위치가 되었다.

2020년 1월 말 원데이세미나 글쓰기 과정의 숙제를 하기 위해 강의 공지라는 것을 처음 도전해 보게 되었다. 나의 강의 제목은 재독클럽이었다. 재테크와 독서를 접목한 3개월 코스 프로젝트였다. 쉽게 잘 알려주는 나의 장점을 교육생들에게 많이 경험시키는 게 목적이었다.

강의 공지라는 것도 처음 써보았고, 타인들에게 나의 경험과 지식을 알리는 일도 처음이었다. 이런 일련의 과정이 '지식창업', '온라인 수익화'라는 말로 알려졌지만, 그때는 생소한 분야였다. 이 공지 하나로 지금의 '열정샐리 윤서아코치(작가명)'가 탄생하였다.

2019년 여름부터 시작된 블로그 포스팅은 2020년 1월 5천 명의 서로이웃과 일방문자 1천 명의 블로그로 성장했다. 블로그 성장이 밑거름이 되었고, 20년간 다져진 강의경험이 나만의 노하우였다. 재독클럽 1기에서 만나게 된 분들이 나의 씨앗 고객이 되었다.

나 스스로 진정한 동기부여가 발동한 셈이다. 부동산과 주식이라는 내용으로 교육생들이 늘 목말라했던 내용으로 온라인강의를 기획하였다. 자발적 동기부여가 된 많은 분들이 나의 첫 온라인강의를 수강해 주었다. 그 과정 자체가 나에게 보상이었고, 성장이었다.

나비효과라는 것이 이런 건가보다. 4년째 이어오던 강남 M버스 투어(?) 학습과 SNS 마케팅 블로그, 글쓰기 원데이 세미나. 서로 다른 것 같은 이 점들이 하나로 연결되었다. 매일 해 오던 작은 날갯짓이 삶의 무대 자체를 바꾸는 결과를 만들어 냈다.

2020년은 전국 학교에서도 코로나로 인해 등교 금지 상태가 지속되었다. 초등에서 대학까지 온라인수업이 도입되었다. 2020년 1학기까지 교사로 근무했던 나에게도 그 학기는 어수선한 학기였다. 학교 교육과정과 학년교육과정을 20회 이상 수정했던 기억이 난다. 문서 작업으로 지쳐갈 즈음 '명예퇴직 희망서류 접수' 메시지를 보자마자 뭐에 홀린듯이 명퇴서류를 접수했다.

주변 동료 교사들이 '명퇴할거야'하며 노래를 불렀는데 그 친구들은 아직도 잘 근무하고 있다. 세상이 바뀌는 시점에 나 또한 내 세상의 무대를 바꾸게 된 셈이다. 그렇게 명퇴한 나의 슬로건은 '나는 학교를 떠나 학교를 세웠다'였다.

"그 좋은 직업을 왜 그만두셨어요?" 이 질문을 더 이상 받지 않기를 바라지만 최근까지도 지인들은 나에게 똑같은 질문을 던진다. 좋은 직업이란 무엇일까? 좋은 일거리란 무엇일까? 나라는 존재가 얼마나 집중해서 자아성취감을 느낄 수 있는지, 금전적인 보상이 적절하게 따르는지, 그 직업을 통해 지속적으로 성장할 수 있는지, 이런 것들이 중요한 판단기준이 아닐까?

다니엘핑크는 창조적인 사람들을 움직이는 자발적 동기부여의 중요성을 강조하며, '제3의 드라이브'라는 표현을 썼다. 일을 수행하는 자체, 일의 과정자체가 바로 보상이라는 것이다. 일의 과정자체가 즐거움이자 목표가 된 경우를 '모티베이션 3.0시대'에 필요한 자발적 동기부여라고 부른다. 결국 내가 경기도 최연소 명퇴교사가 될 수 있었던 것도 '자발적 동기부여'라는 강력한 내적 욕구에서 비롯된 것이다.

주어진 일에서 창조하는 일로, 정해진 고객에서 발굴한 고객으로, 급여를 받던 생활에서 사업소득을 만드는 일로 내 삶이 바뀌게 되었다. 블로그와 글쓰기라는 아주 작은 날갯짓이 1년만에 상당한 변화를 일으킨 것이다. 직장인으로 N잡시대 수익화를 꿈꾸던 내가 현재는 1인기업에서 작은 기업으로 성장하는 중이다.

내가 누군지 모르면서 꿈부터 꾸지 마라

온라인강사, 지식창업, 1인기업이라는 키워드를 검색하다보면 한번쯤 만나게 되는 분이 '죽어도 사장이 되어라'의 김형환 대표이다. 2020년 5

월 김 대표가 운영하는 1인기업 CEO 과정에서 나와 비슷한 고민을 해온 많은 분들을 만나게 되었다. 그는 중국에서 일찍이 사업을 시작해 본 경험이 있었고 현재는 1인 기업인들을 위한 연구소를 운영하고 계셨다.

첫 특강에서 듣게 된 이 문장은 아직도 나의 심장을 뛰게 한다. '내가 누군지 모르면서 꿈부터 꾸지 마라!' 이 말을 20대에 들었더라면 얼마나 좋았을까? 나는 내가 누군지, 내가 원하는 것이 무엇인지, 나의 사명은 무엇인지 크게 고민하지 않고 살았었다.

막연히 부자가 되고 싶어서 부동산투자를 시작했고, 시간적 자유를 얻고 싶어서 부의 추월차선으로 갈아타고 싶었다. 그러던 나에게 '사명'이라는 키워드가 심장에 꽂혔다. '세상에 태어난 소명이 있다!'라는 것이 있다. 나 혼자 잘 먹고 잘 살려고 지금까지 열나게 달려왔는데 갑자기 소명이라니?! 부끄러운 순간이었다. 먼저 실천한 선배들의 지혜에 매달릴 수밖에 없었다. 그 상황에서도 독서뿐이었다.

그때 읽었던 책들의 리스트를 정리하면 다음과 같다. 나와 같은 분들이 계시다면 당장 도서관에 가서 대여해서 읽어보시기를 추천한다. 책을 읽다 보니, 이런 책들을 기획하고 편찬하는 일도 하고 싶어서 현재는 재노북스 출판사를 운영 중이기도 하다. 최근까지 직접 구매해서 소장하고 있고, 몇 번이나 읽고 있는 책들이다.

돈의속성(김승호, 스노우폭스북스) / 사장학개론(김승호, 스노우폭스북스)
레버리지(롭무어, 다산북스) / 부의 추월차선(엠제이 드마코, 토트출판사)
아주 작은 습관의 힘_최고의 변화는 어떻게 만들어지는가(제임스 클리어, 비즈니스북스)

부자아빠 가난한아빠(로버트 기요사키, 민음인)
경영, 이나모리 가즈오 원점을 말하다 (이나모리가즈오,21세기북스)
아나모리 가즈오의 마지막 수업_어느 사업이든 성공으로 이끄는 경영 12개조(이나모리가즈오, 매일경제신문사)

 ## 온라인강의, 어떻게 시작하나요?

온라인강사, 1인기업 어떻게 시작할까? 고민하고 계신다면 SNS에 나를 소개하는 글부터 써보라고 조언하고 싶다. SNS 온라인에 자신만의 공간을 만들고 성장시켜 보자. 누구에게는 위기가, 누구에게는 기회가 된다. 무자본으로 가능한 SNS 소셜미디어 왜 하지 않는가? 당장 시작해 보자.

온라인강의라고 하면, 내가 뭘 가르치지? 가르치려면 어떤 도구가 필요하지? 부터 생각이 들 것이다. 나 또한 온라인강의를 처음 런칭할 때 머릿속에 가득 찼던 걱정들이다. 혼자 고민한다고 해결될 것도 아닌데 몇 날 며칠을 내적 갈등만 한가득하였다. 이런 고민으로 머릿속만 복잡한 분들을 위해 별것 아닌 듯하지만, 막상 실행할 때는 어려운 깨알 노하우를 정리해 보았다.

1. SNS에서 시작하기
첫걸음으로, SNS에 자신을 소개하는 글을 써보세요. 이는 단순히 자기소개를 넘어 자신만의 브랜드를 만들어가는 과정이다.
- 전문 분야나 관심사를 중심으로 프로필을 작성한다. 프로필에는 나의 키워드와 연락처, 이메일을 꼭 넣는다.

- 정기적으로 관련 콘텐츠를 포스팅한다. 주 2~3회 정도 꾸준한 것이 중요하다.
- 숏폼영상을 효과적으로 활용하고, 틱톡, 쇼츠, 릴스와 쓰레드를 적극 이용한다.
- 이웃, 팔로워와 적극적으로 소통한다. 댓글에 답변하고, DM을 주고 받는다. 최근 매니챗 기능이 추가되어서 인스타에서도 자동 DM발송이 가능하다.

SNS는 무자본으로 시작할 수 있는 강력한 플랫폼이다. 네이버 블로그, 브런치, 유튜브, 인스타그램, 페이스북, 링크드인, 트위터 등 자신에게 맞는 플랫폼을 선택해 보자.

2. 강의 주제 선정하기

"내가 뭘 가르치지?"라는 고민은 누구나 한다. 다음 단계를 따라 주제를 선정해 보자.
- 자신의 전문 분야나 특기를 리스트업 한다.
- 현재 트렌드와 수요가 있는 주제인지 검토한다.
- 경쟁 강의는 어떤 것들이 있는지 살펴보고, 차별화 포인트를 찾는다.
- pilot 강의를 만들어 지인들에게 피드백을 받는다.

파일럿 강의는 본격적인 정규 강의를 시작하기 전에 진행하는 시험 강의 또는 샘플 강의를 말한다. 이는 실제 강의의 축소판이다. 오픈톡방에서 진행하는 공개강의, 무료강의가 파일럿 강의라고 보시면 이해가 쉬울 것이다.

a) 강의 내용과 구성을 테스트한다.

b) 수강생들의 반응을 확인한다.
c) 강사 자신의 강의 스타일을 점검한다.
d) 기술적인 문제나 개선점을 파악한다.

예를 들어 다음과 같이 파일럿 강의를 진행할 수 있다.
- 북디자인 강의의 경우: 정규 강의가 "10주 완성 북디자인 마스터 클래스"라면, 파일럿 강의는 1시간 "똥손도 가능한 책표지 디자인" 강의
- 구글애드센스 승인받고 수익화 강의의 경우: 정규 강의가 "6주 완성 워드프레스기반 블로그와 구글애드센스 승인"이라면, 파일럿 강의는 1시간 "워드프레스로 블로그 생성 기초" 강의
- 언어 학습 강의의 경우: 정규 강의가 "3개월 만에 TOEIC 800점 달성하기"라면, 파일럿 강의는 45분짜리 "TOEIC 고득점을 위한 핵심 문법 3가지" 강의

파일럿 강의를 통해 얻은 피드백을 바탕으로 정규 강의를 더욱 효과적으로 준비할 수 있다. 또한, 수강생들에게는 강의의 맛보기 기회를 제공하여 정규 강의 등록을 유도할 수 있다. 오픈톡방에서 많이 운영하는 방식이다.

3. 강의 준비하기

강의 준비는 생각보다 많은 시간과 노력이 필요하다. 하지만 체계적으로 접근하면 훨씬 수월하고, 꾸준히 하다보면 강사만의 노하우가 쌓여서 준비시간이 단축된다.

a) 강의 제목 정하기
- 핵심 키워드를 포함시킨다.
- 학습자의 니즈나 해결될 문제를 언급한다.

- 간결하면서도 호기심을 자극하는 제목을 만든다.

예: "초보자를 위한 파이썬 기초: 4주 만에 나만의 프로그램 만들기"

b) 강의 목차 구성하기
- 전체 내용을 큰 주제로 나눈다 (3-5개 정도).
- 각 주제를 세부 항목으로 나눈다.
- 학습자의 레벨에 맞춰 난이도를 조절한다.
- 이론과 실습의 비율을 적절히 조절한다.

c) 강의안 만들기
- PowerPoint, Google Slides, Canva, 미리캔버스 등을 활용한다.
- 1시간 강의 기준으로 30장 정도의 슬라이드를 준비한다.
- 핵심 용어, 실제 경험, 구체적 사례를 중심으로 내용을 구성한다.
- 폰으로 찍은 실제 이미지, 실제 강의하는 장면, 실습장면 등을 강의안에 포함한다.
- 화면 캡처 기능을 활용해 효율적으로 자료를 만든다.

화면 캡처 프로그램은 온라인 강의 제작에 매우 유용한 도구이다. 대표적으로 많이 사용되고 실제 사용해보니 사용감이 좋은 화면캡쳐 프로그램 4가지를 추천한다.

라이트샷 (Lightshot) 장점 및 사용법

△간편하고 직관적인 인터페이스 △빠른 캡처 및 편집 기능 △클라우드 저장 및 공유 기능

① 설치 후 PrtSc 키를 누르면 활성화된다.
② 마우스로 캡처할 영역을 선택한다.

③ 간단한 편집 도구로 화살표, 텍스트 등을 추가할 수 있다.
④ 저장 또는 복사붙이기가 용이하다.

알캡처 (ALCapture) 장점 및 사용법
△다양한 캡처 모드 (전체 화면, 윈도우, 영역 등) △ GIF 애니메이션 제작 기능 △ 워터마크 추가 기능
① 프로그램을 실행한다.
② 원하는 캡처 모드를 선택한다.
③ 캡처할 영역을 지정한다.
④ 필요시 간단한 편집이 가능하다.
원하는 형식으로 저장한다.

HyperSnap 6 장점 및 사용법
△ 고급 이미지 편집 기능 △ 텍스트 캡처 및 OCR 기능 △ 다양한 단축키 지원
① 프로그램을 실행한다.
② 캡처 모드를 선택한다. (예: 영역 캡처는 Ctrl+Shift+S).
③ 캡처할 영역을 지정한다.
④ 내장된 이미지 편집기로 필요한 편집을 한다.
⑤ 파일로 저장하거나 클립보드에 복사하여 활용한다.

윈도우 기본 캡처 (Windows Snipping Tool) 장점 및 사용법
△ 별도 설치 필요 없음 △ 간단하고 빠른 사용 △ 기본적인 주석 기능 제공
① 윈도우 키 + Shift + S를 누른다.
② 원하는 캡처 모드를 선택한다 (사각형, 자유형, 창, 전체 화면).

③ 영역을 선택한다.
④ 캡처된 이미지가 알림으로 나타나면 클릭하여 편집한다.
⑤ 필요시 간단한 주석을 추가하고 저장한다.

각 프로그램은 고유의 장점이 있으므로, 사용자의 필요와 선호에 따라 선택한다. 라이트샷은 빠른 캡처와 공유가 필요할 때, 알캡처는 다양한 캡처 모드가 필요할 때, HyperSnap은 고급 편집 기능이 필요할 때, 그리고 윈도우 기본 캡처는 추가 설치 없이 간단히 사용하고 싶을 때 적합하다. 온라인 강의 제작 시 이러한 도구들을 활용하면 효율적으로 교육 자료를 준비할 수 있다.

4. 강의 환경 세팅하기
좋은 강의를 위해서는 적절한 환경 세팅이 필수이다.

a) 장비 준비
- 마이크: 초기에는 이어폰 마이크로 시작해도 괜찮다. 여유가 되면 USB 콘덴서 마이크를 추천한다. USB마이크는 PC나 노트북에 바로 꽂아서 사용할 수 있어서 매우 편리하다. 성능이 좋으면서 강사들이 많이 쓰는 가성비 마이크는 보야, 로데이다.
- 웹캠: 노트북 내장 카메라로 시작해도 된다. 화질 개선을 원한다면 별도의 웹캠을 구매한다. 로지텍 라인의 웹캠을 많이 쓰는 편이다.
- 조명: 자연광이 가장 좋지만, 링라이트나 LED 패널 조명을 활용하면 뽀샤시하게 온라인에서 표현된다. 줌(zoom)의 필터기능을 활용하면 눈썹, 입술의 색 조절이 가능해서 노메이크업 상태에서도 자연스럽게 연출가능하다.

b) 소프트웨어 선택
- 화상회의 툴: Zoom, Google Meet, Microsoft Teams, 네이버웨일온 등이 있다. Zoom 유료 베이직 플랜을 한 달 구독해서 사용해보라고 권한다. Zoom 녹화영상을 URL로 제공할 수 있어 편리하다.
- 영상 편집: 쉬운 사용법과 호환성으로 인기있는 캡컷(capcut), Filmora (필모라)를 추천하고 영상을 잘 다루는 분이라면 어도비 프리미어프로를 추천한다.

캡컷(CapCut) 특징
△ 직관적이고 사용하기 쉬운 인터페이스 △ 다양한 효과와 전환 옵션 제공 △ 무료로 사용 가능한 풍부한 템플릿과 음악 라이브러리 △ 모바일과 PC 버전 모두 제공

캡컷은 최근 PC 버전 출시 이후 그 인기가 더욱 높아졌다. 특히 초보자들도 쉽게 사용할 수 있어 온라인 강의 제작에 매우 적합하다. 기본적인 컷 편집부터 텍스트 삽입, 전환 효과 등을 손쉽게 적용할 수 있어 강의 영상의 퀄리티를 빠르게 높일 수 있다.

필모라(Filmora) 특징
△ 사용하기 쉬운 인터페이스와 직관적인 기능 △ 다양한 효과, 전환, 텍스트 옵션 제공 △ 풍부한 스톡 미디어 라이브러리 (음악, 영상, 이미지) △ 합리적인 가격의 유료 모델

Filmora는 초보자와 중급자 모두에게 적합한 영상 편집 프로그램이다. 강의 영상 제작에 필요한 대부분의 기능을 갖추고 있으며, 특히 풍부한 효

과와 템플릿으로 쉽게 전문적인 느낌의 영상을 만들 수 있다. 유튜브 업로드 최적화 기능도 제공하여 온라인 강의 배포에 유용하다.

Adobe Premiere Pro 특징
△ 업계 표준의 전문 영상 편집 소프트웨어 △ 광범위한 기능과 플러그인 지원 △ 다른 Adobe 제품과의 원활한 연동 △ 강력한 성능과 안정성

Adobe Premiere Pro는 전문적인 영상 제작에 사용되는 강력한 도구다. 다양한 고급 기능을 제공하며, After Effects, Photoshop 등 다른 Adobe 제품과의 연동성이 뛰어나다. 구독 기반 모델이라는 단점이 있지만, 고품질의 강의 영상을 제작하고자 하는 강사들에게 적합하다.

각 프로그램은 고유의 장단점이 있으므로, 본인의 편집 능력과 강의 요구사항에 맞는 도구를 선택하면 된다. 영상 편집 기술을 익히는 데 시간이 걸리지만, 예전 보다 사용법이 쉬워졌다. 퀄리티 높은 강의 영상을 제작하여 꾸준히 판매할 수 있다는 점에서 가치 있는 투자다.

c) 강의 공간 필수 장비 셋팅하기
- 조용하고 인터넷 연결이 안정적인 공간을 확보한다. 듀얼모니터, 웹캠, 마이크, 인터넷은 필수이다. 중고 제품을 구매하면 초기 세팅 비용을 줄일 수 있다.
- 배경이 깔끔하고 전문적으로 보이게 정리한다.
- 에코를 줄이기 위해 카펫이나 커튼을 활용한다. 강의공간이 사무실일 경우, 울림이 발생할 수 있으니 주의한다. 흡음제를 벽에 붙이거나 책을 사무실에 두면 소리가 울리는 것을 예방할 수 있다.

5. 강의 홍보하기

이제 수강생을 모집하는 홍보단계이다. 5단계 홍보하기에서 좌절하는 초보 강사들이 많이 있다. 나를 홍보한다는 것이 어색하기도 하고 두렵기도 한 심리적 요인 때문에 이 허들을 못 넘어 포기하는 경우도 있다.

a) 타겟층 정하기

타겟층 정하기는 성공적인 온라인 강의를 위한 핵심 단계다. 구체적이고 명확한 타겟 설정은 강의 내용 구성, 마케팅 전략, 가격 책정 등 모든 면에서 중요한 영향을 미친다. 먼저, 구체적인 타겟 그룹을 정의해야 한다. 연령대, 성별, 직업군, 소득 수준, 교육 수준 등을 고려하여 가장 적합한 대상을 선정한다. 예를 들어, 30-40대 여성 직장인이나 40-50대 남성 자영업자 등으로 구체화할 수 있다.

다음으로, 고객 페르소나를 만든다. 가상의 이름과 나이를 정하고, 구체적인 직업을 설정한다. 그들의 일상적인 고민거리, 관심사, 취미를 상상하고, 강의 수강 목적을 명확히 한다. 예를 들어, '35세 김미영, 온라인 쇼핑몰 운영 3년차, 매출 증대와 시간 관리에 고민이 많고, 마케팅 트렌드와 여행에 관심이 많으며, 블로그 마케팅 스킬 향상을 위해 강의를 수강하고자 한다'와 같이 구체화할 수 있다.

타겟의 니즈를 파악하는 것도 중요하다. 그들이 해결하고 싶은 문제가 무엇인지, 어떤 종류의 정보나 스킬을 원하는지, 어떤 형태의 학습을 선호하는지 등을 분석한다. 이를 통해 강의 내용과 방식을 최적화할 수 있다.

타겟의 행동 패턴을 분석하는 것도 필요하다. 주로 어떤 온라인 플랫폼을 사용하는지, 정보를 얻는 주요 채널은 무엇인지, 하루 중 언제 온라인 활동이 가장 활발한지 등을 파악한다. 이는 효과적인 마케팅 전략 수립에 도움이 된다.

마지막으로, 경쟁 분석을 실시한다. 타겟층이 현재 이용하는 유사 강의나 서비스는 무엇인지, 그들의 장단점은 무엇인지, 나의 강의가 제공할 수 있는 차별점은 무엇인지 분석한다. 이를 통해 자신만의 독특한 가치 제안을 만들 수 있다.

이렇게 구체적으로 타겟층을 정의하면, 강의 내용을 더욱 효과적으로 구성하고 마케팅 전략을 세울 수 있다. 또한, 수강생들의 니즈를 정확히 파악해 만족도 높은 강의를 제공할 수 있다. 타겟층 정의는 단순한 시작점이 아니라, 지속적으로 수정하고 발전시켜 나가야 할 과정이다.

b) 강의 공지하기

강의 공지는 성공적인 수강생 모집을 위한 핵심 단계다. 효과적인 공지를 통해 잠재적 수강생들의 관심을 끌고 참여를 유도할 수 있다. 강의 시작 한 달 전부터 공지를 시작하는 것이 좋다. 이는 잠재적 수강생들이 일정을 조정하고 준비할 수 있는 충분한 시간을 제공한다. 공지에는 강사의 프로필 사진을 포함하는 것이 신뢰도를 높이는 데 도움이 된다. 만약 얼굴 노출을 꺼린다면, 로고를 활용하여 브랜드 이미지를 일관되게 유지할 수 있다.

다양한 채널을 활용하여 공지를 확산시키는 것이 중요하다. SNS, 블로그, 유튜브 등 각 플랫폼의 특성에 맞게 콘텐츠를 제작하고 공유한다. 이를 통해 더 많은 잠재 수강생들에게 도달할 수 있으며, 각 채널별 팔로워들에게 맞춤형 정보를 제공할 수 있다.

공지 내용에는 강의 내용, 일정, 가격, 신청 방법 등 핵심 정보를 명확히 안내해야 한다. 이는 수강생들이 강의에 대해 정확히 이해하고 참여 여부를 결정하는 데 도움을 준다. 모호한 정보는 오히려 신뢰도를 떨어뜨릴 수 있으므로 주의해야 한다.

파일럿 강의를 진행할 경우, 이를 활용하여 정규 과정을 자세히 소개하는 것이 효과적이다. 파일럿 강의에서 정규 과정의 커리큘럼, 학습 목표, 기대 효과 등을 상세히 설명함으로써 수강생들의 관심을 높이고 등록을 유도할 수 있다. 이는 또한 수강생들이 정규 과정에 대해 충분히 이해하고 준비할 수 있는 기회를 제공한다.

- 멋진 프로필 찍는 노하우 : 스노우(snow)app으로 강사의 상반신을 찍고, 이미지를 캐럿(carrot) app에 넣어서 프로필 사진을 추출한다. 캐럿 앱에서 다크한 배경(스튜디오 혹은 실내사무실 배경)에 정장 의상을 적용하면 전문 사진관에서 찍은 느낌을 준다.

c) 할인 및 혜택 제공하기

할인 및 혜택 제공은 수강생 모집에 효과적인 전략이다. 이를 통해 잠재적 수강생들의 관심을 끌고, 등록을 촉진할 수 있다. 먼저, 얼리버드 할인을 제공하는 것이 좋다. 이는 조기에 등록하는 수강생들에게 특별한 혜택을 주는 방식이다.

예를 들어, 강의 시작 3주 전까지 등록하는 경우 10% 할인을 제공하는

식이다. 이는 수강생들의 빠른 의사결정을 유도하고, 초기 모집률을 높이는 데 도움이 된다.

다음으로, 공지글 공유 시 추가 할인을 제공하는 방법이 있다. 수강생이 강의 공지글을 자신의 SNS나 블로그에 공유하면 추가 5% 할인을 제공하는 식이다. 이는 강의 홍보 효과를 높이면서 동시에 수강생에게 혜택을 주는 윈-윈 전략이 될 수 있다.

마지막으로, 친구 동반 신청 시 1+1 할인을 제공하는 것도 효과적이다. 두 명이 함께 등록할 경우, 두 번째 사람의 수강료를 50% 할인해주는 방식이다. 이는 수강생들이 지인을 데려오도록 유도하여 등록률을 높이는 데 도움이 된다. 또한, 함께 공부하는 환경을 만들어 학습 효과를 높일 수 있다.

이러한 다양한 할인 및 혜택 제공 전략은 수강생들에게 강의 등록에 대한 추가적인 동기를 부여하고, 강의의 가치를 더욱 매력적으로 만든다. 하지만 과도한 할인은 강의의 가치를 떨어뜨릴 수 있으므로, 적절한 균형을 유지하는 것이 중요하다.

d) 무료 체험 제공하기

무료 체험 제공은 잠재적 수강생들에게 강의의 가치를 직접 경험할 수 있는 기회를 제공하는 효과적인 전략이다. 이를 통해 수강생들의 관심을 끌고 정규 과정 등록을 유도할 수 있다.

60분 분량의 파일럿 무료 강의를 제공하는 것이 좋다. 이는 수강생들이 강사의 강의 스타일, 내용의 깊이, 그리고 전반적인 강의 분위기를 미리 체험할 수 있게 해준다. 파일럿 강의는 정규 과정의 축소판으로, 핵심 내용을 간략하게 다루면서도 충분히 가치 있는 정보를 제공해야 한다.

또한, 강의 내용의 일부를 블로그나 유튜브에 공개하는 것도 효과적이다. 이는 더 넓은 audience에게 강의를 노출시키고, 검색 엔진을 통해 잠재적 수강생들에게 도달할 수 있는 기회를 제공한다. 공개되는 내용은 강의의 핵심을 보여주면서도, 더 깊이 있는 학습에 대한 욕구를 자극할 수 있어야 한다.

파일럿 강의 후 수강생들로부터 후기를 받아 2차 바이럴 마케팅에 활용하는 것도 중요하다. 실제 수강생들의 생생한 후기는 강의의 가치를 증명하는 강력한 도구가 될 수 있다. 이러한 후기를 SNS나 블로그에 공유하고, 정규 과정 홍보에 활용함으로써 더 많은 수강생들의 관심을 끌 수 있다.

무료 체험 제공은 단순히 무료 콘텐츠를 나누는 것이 아니라, 잠재적 수강생들과의 신뢰를 쌓고 강의의 가치를 증명하는 과정이다. 이를 통해 수강생들은 정규 과정에 대한 확신을 갖고 등록을 결정할 수 있게 된다.

6. 가격 책정하기

가격 책정은 온라인 강의 성공의 핵심 요소 중 하나다. 적절한 가격은 수강생들에게 강의의 가치를 전달하면서도 경쟁력을 유지할 수 있게 해준다. 먼저, 시장 조사를 통해 경쟁 강의의 가격을 파악하는 것이 중요하다. 유사한 내용과 수준의 강의들이 어느 정도의 가격대를 형성하고 있는지 알아야 한다. 이를 통해 시장의 일반적인 가격 수준을 이해하고, 자신의 강의를 어떻게 포지셔닝할지 결정할 수 있다.

　다음으로, 강의 시간, 제공되는 자료, 사후 관리 등 강의의 전체적인 가치를 고려해야 한다. 단순히 강의 시간만으로 가격을 책정하는 것이 아니라, 수강생들에게 제공되는 총체적인 가치를 반영해야 한다. 예를 들어, 상세한 수업 자료나 1:1 피드백 등이 포함된다면 이를 가격에 반영할 수 있다.

　처음 강의를 시작할 때는 가격을 조금 낮게 책정하고 점차 올리는 전략을 고려해볼 만하다. 이는 초기에 더 많은 수강생을 유치하고 시장에 진입하는 데 도움이 될 수 있다. 그러나 너무 낮은 가격은 강의의 가치를 떨어뜨릴 수 있으므로 주의해야 한다.

　마지막으로, 다양한 가격 전략을 활용하는 것이 좋다. 분할 결제(할부) 옵션은 높은 가격의 강의에 대한 진입 장벽을 낮출 수 있다. 현금 결제 시 할인이나 얼리버드 할인 등은 수강생들의 빠른 결정을 유도할 수 있다. 이러한 다양한 옵션은 더 많은 수강생들이 강의를 접할 수 있게 해준다.

　적절한 가격 책정은 지속적인 모니터링과 조정이 필요한 과정이다. 수강생들의 반응, 시장의 변화, 자신의 브랜드 가치 상승 등을 고려하여 유연하게 가격을 조정해 나가야 한다.

7. 강의 진행하기
　드디어 강의 당일이 되었다. 성공적인 강의 진행을 위해 철저한 준비와 체계적인 접근이 필요하다. 공동 진행자나 보조 강사가 함께 참여한다면 온라인 강의를 더욱 매끄럽게 진행할 수 있다.

강의 시작 30분 전, 모든 장비와 소프트웨어를 꼼꼼히 테스트해야 한다. 카메라, 마이크, 인터넷 연결 상태 등을 확인하고, 강의 플랫폼이 정상적으로 작동하는지 점검한다. 또한 물, 메모지, 펜 등 필요한 물품들을 손닿는 곳에 준비해 두어 강의 중 불필요한 중단이 없도록 한다.

강의 시작 10분 전에는 대기실을 열고 수강생들을 맞이한다. 이 시간을 활용해 수강생들과 간단한 대화를 나누며 편안한 분위기를 조성할 수 있다. 강의 시작 시에는 간단한 아이스브레이킹 활동으로 분위기를 풀어주는 것이 좋다. 이는 수강생들의 긴장을 풀고 적극적인 참여를 유도하는 데 도움이 된다.

질문 처리는 강의 흐름에 따라 유연하게 대응한다. 중간중간 질문을 받아 즉시 해결하거나, 강의 마지막에 Q&A 시간을 별도로 마련할 수 있다. 어떤 방식을 선택하든 수강생들의 궁금증을 충분히 해소할 수 있도록 해야 한다.

강의가 끝난 후에는 반드시 피드백을 받아야 한다. 수강생들의 의견을 수렴하고 이를 바탕으로 강의 내용과 방식을 지속적으로 개선해 나가는 것이 중요하다. 이러한 노력은 강의의 질을 높이고 수강생 만족도를 향상시키는 데 큰 도움이 된다.

강의 진행은 단순히 정보를 전달하는 것이 아니라 수강생들과 상호작용하며 함께 만들어가는 과정이다. 철저한 준비와 유연한 대응, 그리고 지속적인 개선 노력을 통해 더욱 효과적이고 만족도 높은 강의를 제공할 수 있다.

8. 사후 관리

강의가 끝났다고 해서 모든 것이 마무리된 것은 아니다. 효과적인 사후 관리는 수강생들의 만족도를 높이고 지속적인 관계를 유지하는 데 중요한 역할을 한다.

먼저, 강의 자료를 정리해서 수강생들에게 제공하는 것이 좋다. 이는 수강생들이 학습 내용을 복습하고 실제 적용하는 데 도움을 준다. 정리된 자료는 PDF나 온라인 문서 형태로 공유할 수 있으며, 필요에 따라 추가 자료나 참고 링크도 함께 제공할 수 있다.

수강생들에게 후기 작성을 독려하고 이에 대한 추가 선물을 제공하는 것도 효과적이다. 후기는 강의 개선에 필요한 귀중한 피드백이 되며, 동시에 다음 강의 홍보에도 활용할 수 있다. 작성된 후기에 대해 소정의 선물이나 다음 강의 할인 쿠폰 등을 제공하면 참여를 더욱 촉진할 수 있다.

강의 종료 후에도 수강생들의 추가 질문을 받을 수 있는 창구를 마련하는 것이 중요하다. 교육생 단체 톡방이나 오픈채팅 등을 통해 지속적인 소통 채널을 유지할 수 있다. 이를 통해 수강생들은 학습 과정에서 발생하는 의문점을 해소할 수 있고, 강사는 수강생들의 니즈를 더 깊이 이해할 수 있다.

수강생들의 학습 진행 상황을 주기적으로 체크하고 격려하는 것도 중요하다. 이메일이나 메시지를 통해 학습 현황을 물어보고, 어려움은 없는지 확인한다. 이러한 관심은 수강생들의 학습 동기를 유지하는 데 도움이 된다.

마지막으로, 다음 강의에 대한 수요를 조사하는 것이 좋다. 수강생들이 어떤 주제나 내용에 관심이 있는지 파악하여 향후 강의 계획에 반영할 수 있다. 이는 수강생들의 니즈에 맞는 강의를 제공함으로써 지속적인 관계를 유지하는 데 도움이 된다.

사후 관리는 단순히 강의를 마무리하는 단계가 아니라, 수강생들과의 관계를 강화하고 다음 강의로 연결하는 중요한 과정이다. 체계적인 사후 관리를 통해 수강생들의 만족도를 높이고 강사로서의 신뢰도를 구축할 수 있다.

9. 지속적인 성장

온라인 강사로서의 성장은 끊임없는 여정이다. 변화하는 교육 환경과 기술의 발전 속에서 지속적인 학습과 개선이 필요하다. 새로운 기술과 트렌드를 지속적으로 학습하는 것이 중요하다. 온라인 교육 플랫폼의 발전, 인공지능의 활용, 새로운 교육 방법론 등 교육 분야의 혁신을 주시하고 이를 자신의 강의에 적용해야 한다. 관련 컨퍼런스 참석, 전문 서적 독서, 온라인 커뮤니티 활동 등을 통해 최신 정보를 습득할 수 있다.

다른 강사들의 강의를 들어보는 것도 좋은 방법이다. 다양한 강의 스타일과 기법을 관찰하고 좋은 점을 벤치마킹하여 자신의 강의에 적용할 수 있다. 이는 자신의 강의 스타일을 다각화하고 개선하는 데 도움이 된다. 수강생들의 피드백은 강의 개선의 핵심이다. 매 강의마다 수강생들의 의견을 경청하고 이를 바탕으로 강의 내용과 방식을 지속적으로 개선해 나가야 한다. 이러한 노력은 강의의 질을 높이고 수강생들의 만족도를 향상시키는 데 큰 도움이 된다.

마지막으로, 새로운 강의 주제를 개발하고 강의 포트폴리오를 확장해 나가는 것이 중요하다. 기존 강의와 연계된 심화 과정을 개발하거나, 새로운 분야로 영역을 확장하는 등 다양한 시도를 해볼 수 있다. 이를 통해 더 많은 수강생들에게 다가갈 수 있으며, 강사로서의 전문성과 경쟁력을 높일 수 있다.

온라인 강사로서의 성장은 끊임없는 도전과 학습의 과정이다. 이러한 지속적인 노력을 통해 더 나은 교육자로 성장할 수 있으며, 수강생들에게 더 큰 가치를 제공할 수 있다.

10. 행정적 고려사항

온라인 강사로 활동하면서 간과하기 쉽지만 매우 중요한 부분이 바로 행정적 고려사항이다. 이는 법적 의무를 준수하고 안정적인 강의 운영을 위해 필수적인 요소들이다.

먼저, 수입이 발생하면 사업자 등록을 고려해야 한다. 개인사업자 등록은 홈택스를 통해 비교적 간단하게 할 수 있으며, 보통 하루에서 이틀 정도면 처리된다. 사업자 등록은 향후 세금 신고와 각종 계약 시 필요하므로 미리 준비해 두는 것이 좋다. 세금 신고는 반드시 해야 할 의무사항이다. 수입에 대한 적절한 세금 신고를 통해 법적 문제를 예방하고, 안정적인 강의 활동을 이어갈 수 있다. 필요하다면 세무사의 도움을 받아 정확한 신고를 하는 것도 좋은 방법이다.

저작권 문제도 주의해야 한다. 강의에서 사용하는 모든 자료, 이미지, 음악 등의 저작권을 반드시 확인해야 한다. 타인의 저작물을 사용할 경우 필요에 따라 허가를 받아야 하며, 가능한 한 직접 제작하거나 저작권 프리 자료를 활용하는 것이 안전하다.

마지막으로, 수강생들의 개인정보 보호에 만전을 기해야 한다. 수강 신청 시 개인정보 수집 및 활용에 대한 동의를 반드시 받아야 하며, 이를 안전하게 관리해야 한다. 수집된 개인정보는 강의 관련 안내나 추가 서비스 제공 등에 활용할 수 있지만, 동의 범위를 벗어난 사용은 엄격히 금지된다.

이러한 행정적 고려사항들은 온라인 강사로서의 전문성과 신뢰도를 높이는 데 중요한 역할을 한다. 법적 의무를 준수하고 체계적인 운영 시스템을 갖춤으로써 강사로서의 지속 가능한 성장을 이룰 수 있다. 온라인 강의를 처음 시작하는 분들에게는 이러한 일련의 순서와 과정이 다소 버겁게 느껴줄 수는 있다. 하지만 체계적으로 준비하고 꾸준히 노력한다면, 누구나 성공적인 온라인 강사가 될 수 있다. 지금 당장 SNS에 자신을 소개하는 글부터 시작해보자. 그리고 한 단계씩 차근차근 나아가자.

여러분만의 특별한 지식과 경험이 누군가에게는 큰 도움이 될 수 있다. 두려워하지 말고 Just Do it ! 온라인 라이브강의와 VOD 콘텐츠 시장은 더욱 확장되고 있다. 무한한 가능성을 알았다면 무료 파일럿 강의부터 열어보자.

 디지털배움터 279억, 디지털강사 5천명 양성 시대

2024년 현재 대한민국 디지털배움터의 디지털 강사는 약 5,500명 정도이다. 이 강사들은 디지털 소외 계층에게 디지털 기술을 교육하고 디지털 격차를 해소하는 역할을 한다. 최근에는 인공지능강사를 겸하는 디지털강사가 늘어나는 추세다. 서포터즈와 강사, 두 개의 트랙으로 운영되는데 40대에서 60대까지 여성들이 대부분 활동하고 있고, 지자체에서 수당도 지급된다.

과학기술정보통신부의 '디지털격차해소기반조성' 사업은 895억(23년), 428억(24억)으로 편성되었다. 특히 디지털배움터 사업 예산은 719억(23년), 279억(24년)으로 조성된 상황이다. 예산이 점차 줄어들어 지자체의 고민이 늘어나지만 여전히 디지털 격차해소에 대해 전국민적 관심은 높다. 디지털 포용 예산이 더 확대돼야 한다는 목소리도 여전하다.

저자 또한 4년간 디지털 강사로 활동하는 중이라 나름대로 온라인강의에 대해서는 베테랑이라고 자부하지만 강의하다 보면 생각지도 못한 어려움에 부딪히곤 한다. 튜토리얼 강의나 디지털 도구를 알려주는 강의에서 특히 교육생들이 무척 어려워한다는 것을 느낀다. 2023년 디지털배움터에서 윤서아코치가 운영한 글쓰기 과정에서 재노북스 후원으로 공동 저서 책도 출간한 바 있다.

≪터닝포인트로 퀀텀점프하라 - 인생의 변곡점을 찾는 사람들 그들에게만 보이는 시크릿, 재노북스≫ 이 책을 출간하는 과정이 한글 문서 사용법에서 글쓰기까지 고난의 연속이었지만 보람 있었다. 정작 교육생들은 글쓰기보다 한글 문서 사용법을 배우는 것을 더 어려워했다.

온라인 강의는 오프라인 강의와는 다른 많은 도전과제가 있다. 출결 체크 방법부터 수강생의 접근성 문제까지 모든 부분을 고려해야 한다. 이는 단순히 강의를 전달하는 것이 아니라, 수강생들의 학습 경험을 전체적으로 관리하는 것이다. 교육생들에게 발생할 수 있는 다양한 문제상황을 고려한 후 미리 안내해주는 것이 필요하다.

줌 사용법을 블로그 포스팅을 통해 사전에 안내하고, 출결 체크 방법을 동영상으로 제작해 배포하는 것도 좋은 방법이다. 또한, 수강생들이 쉽게 접근할 수 있는 FAQ 페이지를 만들어 미리 읽어보도록 사전에 안내해서 수강생들 입장에서의 불편함을 최소화하면 수업의 만족도가 올라간다.

FAQ(자주 묻는 질문) 페이지는 웹사이트나 서비스에서 사용자들이 자주 묻는 질문과 그에 대한 답변을 모아놓은 섹션이다. 최근에는 노션(Notion)으로 교육과정을 설명하거나 FAQ 페이지를 구성해서 URL을 공유하는 경우가 많다.

 a) FAQ 페이지 목적 : △ 사용자들의 공통적인 궁금증을 빠르게 해결 △ 고객 지원팀의 업무 부담 감소 △ 사이트나 서비스에 대한 이해도 향상
 b) FAQ 페이지 구성: △ 질문과 답변 형식으로 구성 △ 주제별로 분류하여 쉽게 찾을 수 있게 정리 △ 간단하고 명확한 언어로 작성

FAQ 페이지는 마치 친절한 안내자가 고객의 질문에 미리 대답해 놓은 것과 같다. 이를 통해 사용자는 빠르게 정보를 얻고, 기업은 효율적으로 고객 지원을 할 수 있다.

디지털 혁명의 물결 속에서, 온라인 강사의 역할이 그 어느 때보다 중요

해졌다. 2022년 과학기술정보통신부의 보도자료에 따르면, 약 79만 3천 명이 디지털 교육에 참여했고, 5,190명의 디지털 강사가 고용됐다. 이는 단순한 숫자를 넘어, 우리 사회가 디지털 시대로 본격 진입했음을 보여주는 중요한 지표다.

여러분이 어떤 분야에서 일하든, 온라인 강사로서의 역량을 갖추는 것은 이제 선택이 아닌 필수가 돼가고 있다. 이는 단순히 새로운 직업군의 등장을 의미하는 것이 아니라, 디지털 역량 강화를 위한 국가적 사업에 동참할 수 있는 기회의 확장을 의미한다. 모든 산업 분야가 아날로그에서 디지털로 급속히 전환되는 이 시기에, 온라인 강사로서의 포지셔닝은 여러분의 경쟁력을 한층 높여줄 것이다.

과학기술정보통신부가 추진 중인 '디지털포용법'은 모든 시민이 디지털의 혜택에서 소외되지 않도록 하는 것을 목표로 한다. 이는 곧 '누가 가르칠 것인가'라는 질문으로 이어진다. 바로 여기에 여러분의 기회가 있다. 디지털 강사로서의 최소 요건을 갖추는 것은 이제 선택이 아닌 필수가 됐다.

디지털 교육의 의미는 단순한 지식 전달을 넘어선다. 그것은 새로운 세상을 향한 창을 열어주는 일이다. 다양한 배경을 가진 사람들이 한데 모여 학습하고 성장하는 장을 마련하는 것, 그것이야말로 진정한 디지털 교육의 가치다. 저 역시 디지털 배움터에서의 강의 경험을 통해 온라인 강의 기획과 운영에 대한 소중한 통찰을 얻을 수 있었고, 이를 통해 한 단계 성장할 수 있었다.

코로나19 팬데믹은 우리의 일상을 크게 변화시켰고, 그 중심에 온라인 강의의 대중화가 있었다. 이제는 소상공인진흥공단, 중소벤처기업부, 한국언론진흥재단, 대학의 교수학습센터 등 다양한 기관에서 진행하는 교육 과정의 70% 이상이 온라인으로 이뤄지고 있다. 이러한 변화는 단순한 트렌드를 넘어, 이제는 되돌릴 수 없는 새로운 표준이 돼가고 있다.

물론, 오프라인 현장 강의가 가진 고유의 가치와 장점은 여전히 유효하다. 그러나 온라인 강의는 시공간의 제약을 뛰어넘어 전 세계의 학습자들을 하나로 연결하는 강력한 도구가 됐다. 이는 단순한 지식 전달의 장을 넘어, 서로 다른 배경과 경험을 가진 사람들이 함께 모여 아이디어를 교환하고, 서로의 관점을 공유하며, 함께 성장할 수 있는 글로벌 학습 커뮤니티를 형성하고 있다.

이제 우리는 새로운 시대의 문턱에 서 있다. 디지털 교육의 확산은 단순한 변화가 아닌, 우리 사회의 근본적인 변혁을 의미한다. 이 흐름 속에서 온라인 강사로서의 역량을 갖추는 것은, 여러분 자신의 성장뿐만 아니라 우리 사회의 디지털 전환에 기여하는 의미 있는 일이 될 것이다. 재노스쿨에서는 인공지능활용강사과정 및 온라인강사 1급자격 과정을 운영중이다. 함께 배우고, 매일 1% 성장한다는 재노스쿨의 슬로건에 따라 이 책이 여러분의 새로운 도전에 작은 도움이 되길 진심으로 희망한다.

이동호

24년 경력의 해외 교육 기반의 다이렉트 리스폰스 마케팅 전문가로 활동해 왔고, 현재 AI 활용 컨텐츠 마케팅 전문가로 활동하고 있다.

현)글로벌 이비즈니스연구소장
현)전자신문인터넷 칼럼니스트
현)전자신문인터넷 챗GPT 활용 SNS 마케팅 전문가 과정 강사
전)연세대 글로벌 SNS 마케팅 이비즈니스 영어 과정 강사
전)코리아타임즈 이비즈니스 영어 칼럼니스트
전)포커스 신문사 영어전문 기자
전)카이로스앤 신문사 편집국장

저서 : 구매전환 극대화 마케팅의 비밀(전자신문 엔터테인먼트)
블로그: https://blog.naver.com/lyi4200
페이스북: https://www.facebook.com/lyi4200

퇴근 후

온라인강사로
변신한 홍대리

Part 2

AI 활용 온라인 동영상 교육 과정 제작 전략

CONTENTS

온라인강사

디지털강사

인공지능강사

타겟 시장 및 니즈 분석

커리큘럼 설계의 최적화

고품질 컨텐츠 제작

SEO와 키워드 최적화

학습자 데이터 분석 및 피드백 반영

스케일링 전략

다중 플랫폼 배포

소셜 미디어와 인플루언서 마케팅

구독 및 회원 기반 모델 활용

온라인 교육의 가치 제안 강화

맺음말

오늘날의 교육 환경은 빠르게 변화하고 있으며, 기술의 발전은 학습 방법과 교육의 접근성에 혁명을 일으키고 있다. 본격적으로 AI 활용 온라인 동영상 교육 과정 제작 전략을 논하기 전에, 현대 교육의 세 가지 주요 형태인 온라인강사, 디지털강사, 그리고 인공지능강사의 개념과 범위를 탐구하고, 각각의 장점을 비교 분석해 보겠다.

또한, 온라인 강의와 현장 강의의 차이점을 명확히 하여 각 학습 형태가 어떻게 학습자에게 유익할 수 있는지 살펴보고, 현재와 미래의 동영상 제작 컨텐츠의 트렌드와 확장성에 대해서도 알아보겠다.

이를 통해 디지털 기술이 교육에 어떻게 통합되고 있는지, 그리고 이러한 기술들이 어떻게 전통적인 학습 방식을 변형시키고 있는지에 대한 통찰을 얻을 수 있을 것이다. 현대 교육의 혁신적인 변화를 이해하고, 이를 통해 어떻게 학습 효율성과 접근성이 개선되고 있는지 알아보자.

1. 온라인강사

온라인강사는 인터넷을 통해 교육 컨텐츠를 제공하는 교육자이다. 이들은 비디오 강의, 이메일, 웹 세미나 등 다양한 온라인 플랫폼을 활용하여 학습자와 소통한다. 온라인강사는 시간과 장소에 구애받지 않는 교육의 접근성을 가능하게 한다.

온라인강사는 전문 지식을 바탕으로 학습자가 어디서든 접근할 수 있는 비디오 강의와 강의노트를 준비한다. 이러한 자료들은 다양한 형식(예: PDF, 비디오, 슬라이드쇼)으로 제공되며, 학습자가 자신의 속도에 맞춰 학습할 수 있는 유연성을 제공한다.

또한 이메일, 온라인 포럼, 그리고 웹 세미나를 통해 학습자와의 지속적인 상호작용을 유지한다. 이를 통해 학습자의 질문에 답하고, 추가적인 설명을 제공하며, 커뮤니티 구축을 돕는다. 실시간 Q&A 세션을 통해 학습자의 즉각적인 피드백을 받고, 학습 과정을 개선하기 위한 인사이트를 얻을 수 있다.

온라인 강사는 피드백 및 평가를 중요시한다. 온라인 퀴즈, 과제 제출, 그리고 자동화된 평가 도구를 활용하여 학습자의 진행 상황을 평가한다. 이러한 평가는 학습자의 이해도를 측정하고, 개선이 필요한 영역을 식별하는 데 도움을 준다.

기술 활용의 경우, 최신 교육 기술을 활용하여 교육 콘텐츠의 품질과 접근성을 높인다. 예를 들어, LMS(학습 관리 시스템)를 통해 강의 자료를 관리하고, 학습자와의 커뮤니케이션을 간소화하며, 교육 효과를 모니터링한다.

예를 들어, Coursera와 같은 플랫폼에서 활동하는 온라인 강사들은 각자의 전문 분야에서 비디오 강의를 제공하여 전 세계 수백만 명의 학습자에게 지식을 전달한다. YouTube 교육 채널 운영자들 중에서 'CrashCourse' 채널은 다양한 학문 분야에 걸쳐 복잡한 주제를 쉽고 재미있게 설명하여 광범위한 청중에게 교육 기회를 제공한다.

 2. 디지털강사

디지털강사는 첨단 디지털 기술을 활용하여 더욱 동적이고 상호작용적인 학습 경험을 제공하는 교육자이다. 이들은 가상현실, 증강현실, 인터랙티브 미디어 등을 활용하여 학습자의 참여를 유도하고 교육 내용의 이해를 극대화한다.

이들은 기술을 통해 전통적인 학습 환경을 넘어서서 학습자들이 콘텐츠와 상호작용하고, 실시간으로 피드백을 받으며, 보다 깊이 있는 학습을 할 수 있도록 돕는다.

디지털강사는 가상현실과 증강현실 같은 기술을 교육 과정에 통합하여 학습자가 실제와 유사한 환경에서 학습할 수 있도록 만든다. 이러한 환경은 학습자에게 실제적인 경험을 제공하며, 이론적 지식을 실천으로 연결하는 데 도움을 준다.

인터랙티브 미디어를 사용하여 학습자가 교육 콘텐츠에 적극적으로 참여하도록 유도한다. 예를 들어, 인터랙티브 퀴즈, 가상 랩 실험, 시뮬레이션 게임 등을 통해 학습자는 학습 과정에서 중요한 역할을 수행하게 된다

개인화된 학습 경험 제공도 중요한 부분을 차지한다. 디지털 강사는 AI와 머신러닝 알고리즘을 활용하여 학습자의 행동과 선호를 분석하고, 이를 바탕으로 개인 맞춤형 학습 경로를 제공한다. 이를 통해 각 학습자의 필요와 속도에 맞춘 교육이 가능해진다.

예를 들어, VR 기술을 활용한 생물학 교육 프로그램에서 디지털 강사는 학생들이 가상 환경에서 실제와 유사한 실험을 수행할 수 있게 하여 이론뿐만 아니라 실습 경험도 제공한다.

3. 인공지능강사

인공지능강사는 AI 기술을 이용하여 학습자의 개인별 요구에 맞춤화된 학습을 제공하는 교육자이다. 이들은 머신러닝 알고리즘을 통해 학습자의 학습 스타일과 성능을 분석하고, 개인의 학습 경로를 최적화한다.

인공지능강사의 주된 목표는 학습자의 성공적인 교육 결과를 보장하며, 학습 과정을 보다 효율적이고 효과적으로 만드는 데 있다. 그들은 학습자의 학습 데이터를 수집하고 분석하여 개인의 학습 스타일, 성향 및 성과를 파악한다. 이 정보는 학습 경험을 맞춤화하는 데 중요한 기초 자료로 사용된다.

그들은 분석된 데이터를 기반으로, 각 학습자에게 가장 적합한 학습 자료, 활동 및 평가 방법을 선택합니다. 이는 학습자가 자신의 장점을 극대화하고 약점을 보완할 수 있도록 도와준다.

지속적인 피드백 제공 및 조정도 인공 지능 강사의 역할이다. 학습 과정 중에 학습자의 진행 상황을 지속적으로 모니터링하고, 필요에 따라 학습 계획을 실시간으로 조정한다. 이는 학습자가 학습 목표에 도달할 수 있도록 지원한다.

AI 기술을 활용하여 학습 과정과 결과에서 발견되는 문제점을 식별하고, 이에 대한 해결책을 제공한다. 이 과정은 학습자의 학습 효율을 향상시키고, 최종적으로 학습 성과를 높이는 데 기여한다.

예를 들어, 미국 조지아 공과대학교의 데이비드 조이너 교수는 온라인 컴퓨터 과학 석사 프로그램에서 AI를 활용하여 학생들에게 맞춤형 교육 경험을 제공하고 있다. 그는 AI를 활용하여 학생들의 학습 데이터를 분석하고, 이를 기반으로 학생들의 학습 스타일과 성능에 최적화된 개인화된 학습 자료와 피드백을 제공한다. 예를 들어, AI 알고리즘을 통해 특정 주제에서 학생들이 어려움을 겪고 있는 패턴을 식별하고, 이에 맞춰 추가 자료를 제공하여 개별 학습자의 이해를 돕는다.

인공지능강사는 교육 기술의 미래를 대표하며, 맞춤형 학습과 개인화된 교육 경험을 제공하는 데 있어 중추적인 역할을 한다. 이들은 전통적인 교육 방식의 한계를 극복하고, 모든 학습자가 자신의 잠재력을 최대한 발휘할 수 있는 기회를 제공함으로써 교육의 품질을 혁신적으로 향상시킨다.

다음은 온라인강의와 현장강의의 차이점에 대해서 분석해 보겠다.

접근성 면에서 보면, 온라인강의는 인터넷 접속이 가능한 곳이라면 어디서든 접근할 수 있어 지리적 제약이 없다. 반면에 현장강의는 특정 위치에서 진행되어 학습자가 해당 장소에 물리적으로 참석해야 한다.

상호작용 측면에서도 차이는 분명하다. 온라인강의는 비디오 채팅, 토론 포럼, 이메일 등을 통해 교수와 상호작용할 수 있으나, 때때로 지연이나 연결 문제가 발생할 수 있다. 현장강의에서는 교수와의 즉각적인 피드백과 직접적인 대화가 가능하다.

비용 효율성 면에서 보면, 온라인강의는 교실 유지비용이 없고, 더 많은 학습자에게 동시에 제공될 수 있어 비용적으로 효율적이다. 현장강의는 장소 유지 및 관리 비용이 추가되며, 학습자의 교통비 등의 추가 비용이 발생할 수 있다.

핵심 주제인 동영상 제작 컨텐츠의 트렌드 및 확장성은 어떨까요?
현재 트렌드는 짧은 형식의 동영상이 대세이다. 소셜 미디어 플랫폼의 영향으로 짧은 형식의 교육용 동영상이 인기를 끌고 있다. 인터랙티브 동영상도 주목 받고 있다. 학습자의 참여와 피드백을 유도하기 위해 인터랙티브 요소가 추가된 동영상 컨텐츠가 증가하고 있다.

확장성면에서 동영상 컨텐츠는 글로벌 접근성이 용이하다. 동영상 컨텐츠는 인터넷을 통해 전 세계 어디서나 접근할 수 있어, 글로벌 시장에 쉽게 도달할 수 있다.

플랫폼의 다양화도 빼놓을 수 없다. YouTube, Vimeo, Udemy 등 다양한 플랫폼을 통해 동영상을 배포할 수 있으며, 이를 통해 다양한 수익 모델을 구축할 수 있다.

디지털 기술과 인공 지능의 발전은 교육 분야에서 매우 중요한 변화를 가져오고 있다. 온라인강사, 디지털강사, 그리고 인공지능강사는 각각 독특한 방식으로 교육 컨텐츠를 제공하며, 학습자의 경험을 풍부하게 하고 학습 결과를 개선하는 데 기여하고 있다. 이러한 강사들과 강의 형태가 제공하는 유연성, 접근성, 그리고 개인화된 학습 경험은 전통적인 학습 환경에서는 불가능했던 방식으로 교육의 장벽을 허물고 있다.

동영상 컨텐츠 제작의 최신 트렌드와 그 확장성 또한 교육의 미래에 큰 영향을 미치고 있다. 이러한 트렌드를 이해하고 활용함으로써, 교육자와 학습자 모두가 더욱 효과적이고 참여적인 학습 경험을 설계할 수 있게 된다. 현대 교육 기술의 진화를 이해하고 이를 통해 자신의 학습이나 교육 방식을 혁신해 보세요. 지금이 바로 그 기회를 잡을 때다.

"기존의 교육 컨텐츠 제작 방식에 만족하십니까? 이제 AI의 힘을 빌려 혁신을 경험하세요!"
"온라인 교육을 혁신하는 AI 전략 지금 바로 교육 컨텐츠 제작의 미래를 경험하세요!"
우리는 정보의 홍수 속에서 살고 있지만, 필요한 지식을 효과적으로 전달할 수 있는 교육 컨텐츠는 부족하다.

이러한 문제에 대한 해결책으로, AI 기술이 주목받고 있다. 이 장에서 다루는 "AI 활용 온라인 동영상 교육 과정 제작 전략"은 AI를 통해 학습 효과를 극대화하는 방법을 소개하며, 교육자와 컨텐츠 제작자가 동영상 교육을 한 차원 높일 수 있는 방법을 제시한다.

교육자와 컨텐츠 제작자들은 교육 산업의 기술 발전에 발맞추어 혁신적인 AI 기반 교육 방식을 채택해야 한다. 기존 방법에 머무르면 경쟁에서 뒤처질 수 밖에 없다.

이장에서는 교육 기획자, 컨텐츠 개발자, 마케팅 전문가가 AI를 활용하여 동영상 기반 학습 자료를 최적화하고 향상시키는 구체적인 방법을 안내한다.

AI의 적용은 교육의 질을 높이는 데 필수적이다. 구체적으로 이 장에서는 타겟 시장 분석부터 고품질 컨텐츠 제작, 다양한 플랫폼을 통한 효율적인 배포 전략까지, 온라인 동영상 교육 과정을 성공적으로 제작하고 마케팅하는데 필요한 10가지 핵심 전략을 다룬다.

또한, 각 전략을 이해하고 실천할 수 있도록 도움을 주는 다양한 작업과 챗GPT 프롬프트들을 제공한다. 전략과 작업의 내용을 이해한 후, 챗GPT 프롬프트를 통해 결과물을 확인해 나가는 인터랙티브 전자책 포맷이다.

그럼 시작해볼까요?

전략 #1: 타겟 시장 및 니즈 분석

작업1: 시장 동향 및 수요 분석

시장 동향을 분석하고 AI를 이용해 현재와 미래의 교육 수요를 예측하는 것은 타겟 시장을 정확히 파악하고, 수익성 있는 교육 니치를 발굴하는 데 중요하다.

프롬프트: "ChatGPT, 데이터 분석 전문가의 역할을 맡아주시길 바랍니다. 최근 5년간의 온라인 교육 시장 동향 데이터를 분석하여 주요 트렌드와 미래 수요 예측을 포함한 보고서를 작성해주세요. 분석에는 인구통계학적 변화, 기술 발전, 사용자 선호의 변화 등이 포함되어야 합니다."

작업2: 경쟁자 분석

경쟁자 분석을 통해 시장 내 주요 경쟁자의 강점과 약점을 파악하고, 이를 바탕으로 자신의 교육 과정을 차별화하고 강화할 수 있다.

프롬프트: "ChatGPT, 시장 분석가의 역할을 맡아주시길 바랍니다. 현재 온라인 교육 시장에서 활동 중인 주요 경쟁자들의 제품, 마케팅 전략, 고객 리뷰, 가격 정책 등을 분석하여 경쟁자 분석 보고서를 작성해주세요. 이 보고서는 우리가 개발할 교육 콘텐츠의 차별화 전략 수립에 도움을 줄 것입니다."

작업3: 고객 세분화 및 타겟 고객 프로파일링

AI를 활용한 고객 데이터 분석을 통해 구체적인 타겟 고객 그룹을 세분화하고, 각 그룹의 특성을 파악하여 맞춤형 교육 콘텐츠를 제공할 수 있다.

프롬프트: "ChatGPT, 마케팅 전략가의 역할을 맡아주시길 바랍니다. 사용 가능한 데이터를 바탕으로 주요 타겟 고객 그룹을 세분화하고, 각 그룹별로 상세한 고객 프로파일을 작성해주세요. 프로파일에는 [자리 표시자: 특정 관심사, 학습 목표, 기술 수준 등]가 포함되어야 합니다."

 **전략#2: 커리큘럼 설계의 최적화**

작업1: 학습 경로 분석 및 최적화

효과적인 학습 경로를 설계하는 것은 학습자가 교육 목표를 달성하는 데 중요하다. AI를 이용해 학습자 데이터를 분석하고, 각 학습자의 필요와 선호에 맞춘 개인화된 학습 경로를 제공한다.

프롬프트: "ChatGPT, 교육 컨설턴트의 역할을 맡아주시길 바랍니다. 다양한 학습 스타일과 속도를 고려하여 최적화된 학습 경로를 설계해주세요. 이 경로는 학습자가 필요로 하는 핵심 스킬을 효과적으로 습득할 수 있도록 구성되어야 하며, 각 단계에서의 학습 목표와 기대할 수 있는 결과를 명시해야 합니다."

작업2: 컨텐츠 유형 및 형식의 선택

교육 커리큘럼 내에서 다양한 컨텐츠 유형과 형식을 효과적으로 통합하는 것은 학습자의 참여를 유도하고 정보의 이해와 기억에 기여한다. AI 도구를 사용하여 가장 효과적인 컨텐츠 유형을 결정하고, 학습자의 반응을 최적화한다.

프롬프트: "ChatGPT, 교육 기술 전문가의 역할을 맡아주시길 바랍니다. 다양한 학습자의 선호와 학습 효과를 극대화할 수 있는 컨텐츠 유형 및 형식을 결정해주세요. 비디오, 텍스트, 인터랙티브 퀴즈, 실습 과제 등 다양한 형식의 장단점을 분석하고, 각 유형이 어떻게 학습 경로에 통합될 수 있는지 설명해야 합니다."

작업3: 평가 메커니즘의 설계

효과적인 평가 시스템은 교육 과정의 성과를 측정하고 학습자의 진행 상황을 모니터링하는 데 중요하다. AI를 활용하여 각 학습 단계에서의 성취도를 정확하게 평가하고, 개선이 필요한 영역을 식별할 수 있다.

프롬프트: "ChatGPT, 평가 설계 전문가의 역할을 맡아주시길 바랍니다. 교육 과정의 각 단계에 적합한 평가 방법을 설계해주세요. 이 평가들은 학습자의 이해도를 확인하고, 교육 효과를 향상시키기 위해 필수적입니다. 평가 방식에는 자기 평가, 동료 평가, 자동화된 퀴즈, 프로젝트 기반의 과제 등이 포함될 수 있으며, 각각의 방식이 어떻게 학습 목표에 부합하는지를 설명해야 합니다.

전략#3: 고품질 컨텐츠 제작

작업1: 멀티미디어 컨텐츠의 혁신적 디자인

멀티미디어 컨텐츠는 교육 과정에서 학습자의 참여를 높이고 정보를 효과적으로 전달하는 중요한 수단이다. 혁신적인 디자인과 기술을 적용하여 시각적으로 매력적이고 교육적으로 유익한 컨텐츠를 생성하는 것이 중요하다.

프롬프트: "ChatGPT, 디지털 아트 디렉터의 역할을 맡아주시길 바랍니다. 최신 그래픽 디자인 트렌드와 기술을 활용하여 교육용 비디오, 인터랙티브 퀴즈, 그래픽 일러스트레이션을 포함한 고품질 멀티미디어 컨텐츠를

디자인해주세요. 각 컨텐츠의 목표와 타겟 학습자에게 어떻게 최적화되었는지를 상세히 설명해야 합니다."

작업2: 컨텐츠 검증 및 적합성 평가

제작된 컨텐츠가 교육적 가치와 정확성을 유지하는 것은 학습자에게 신뢰성 있는 정보를 제공하기 위해 필수적이다. 전문가 평가를 통해 컨텐츠의 정확성과 적합성을 검증하는 과정을 포함시켜야 한다.

프롬프트: "ChatGPT, 교육 컨텐츠 검증자의 역할을 맡아주시길 바랍니다. 제작된 교육 컨텐츠의 학문적 정확성과 적합성을 평가해주세요. 이 평가 과정에는 주제별 전문가의 검토, 학습 목표에 대한 컨텐츠의 적합성 확인, 그리고 컨텐츠의 윤리적 기준 준수 여부가 포함되어야 합니다."

작업3: 사용자 참여 및 피드백 통합

학습자의 피드백을 적극적으로 통합하는 것은 컨텐츠의 질을 지속적으로 개선하고 사용자 경험을 최적화하는 데 중요하다. AI를 이용한 데이터 분석을 통해 피드백을 수집하고 이를 제작 과정에 반영한다.

프롬프트: "ChatGPT, 사용자 경험 분석가의 역할을 맡아주시길 바랍니다. 교육 컨텐츠에 대한 학습자의 참여 데이터와 피드백을 수집하고 분석해주세요. 수집된 피드백을 기반으로 컨텐츠 개선 사항을 제안하고, 이를 실행할 구체적인 전략을 마련해야 합니다."

전략#4: SEO와 키워드 최적화

작업1: 키워드 연구 및 선택

적절한 키워드를 식별하고 선택하는 것은 교육 컨텐츠의 검색 엔진 가시성을 높이기 위해 필수다. AI를 활용한 키워드 연구 도구를 사용하여, 타겟 시장과 가장 관련성이 높은 키워드를 찾아내고, 이를 컨텐츠 전략에 통합한다.

프롬프트: "ChatGPT, SEO 전문가의 역할을 맡아주시길 바랍니다. 온라인 교육 시장에 특화된 키워드 연구를 수행해주세요. 이 연구에는 검색량, 경쟁도, 관련성 등을 고려한 키워드 선택이 포함되어야 합니다. 선택된 키워드를 교육 컨텐츠와 어떻게 통합할 수 있을지 전략을 제시해야 합니다."

작업2: 컨텐츠 최적화

선택된 키워드를 기반으로 컨텐츠를 최적화하는 것은 검색 엔진 결과 페이지에서 높은 순위를 달성하기 위해 중요하다. 컨텐츠 내 자연스러운 키워드 통합, 메타 태그, 제목, 설명 최적화가 필수이다.

프롬프트: "ChatGPT, 컨텐츠 마케터의 역할을 맡아주시길 바랍니다. 교육 컨텐츠를 검색 엔진 최적화(SEO) 기준에 맞추어 개선해주세요. 주요 키워드를 효과적으로 컨텐츠에 통합하는 방법, 메타 설명, 헤더 태그의 최적화 방법 등을 포함하여 구체적인 개선안을 제공해야 합니다."

작업3: 성능 모니터링 및 조정

최적화된 컨텐츠의 성능을 주기적으로 모니터링하고 필요에 따라 조정하는 것은 지속적인 SEO 성공을 위해 필요하다. 키워드의 성능, 웹 트래픽, 사용자 행동 분석을 통해 최적화 전략을 지속적으로 개선한다.

프롬프트: "ChatGPT, 데이터 분석가의 역할을 맡아주시길 바랍니다. 최적화된 교육 컨텐츠의 성능을 모니터링하고, 검색 엔진 순위, 사용자 참여도, 전환율 등 주요 지표를 분석해주세요. 분석 결과를 바탕으로 효과적인 SEO 조정 전략을 제안해야 합니다."

 전략#5: 학습자 데이터 분석 및 피드백 반영

작업1: 데이터 수집 및 분석

학습자의 행동, 성과 및 반응 데이터를 수집하고 분석하는 것은 교육 과정의 효과를 평가하고 개선하는 데 필수적이다. AI 도구를 활용하여 이 데이터를 심도 있게 분석함으로써, 학습 경험을 맞춤화하고 최적화한다.

프롬프트: "ChatGPT, 데이터 과학자의 역할을 맡아주시길 바랍니다. 온라인 교육 플랫폼에서 수집된 학습자 데이터(진도 추적, 퀴즈 점수, 참여도 등)를 분석해주세요. 분석 결과를 통해 학습자의 학습 패턴과 선호도를 식별하고, 교육 과정의 효과를 평가하세요."

작업2: 피드백 수집 및 인사이트 도출

학습자로부터 직접적인 피드백을 수집하고, 이를 분석하여 교육 과정의 강점과 약점을 식별하는 것은 교육 컨텐츠를 개선하는 데 매우 중요하다. 피드백은 교육 과정의 질을 향상시키는 데 필요한 인사이트를 제공하는 경우가 있다.

프롬프트: "ChatGPT, 품질 관리 전문가의 역할을 맡아주시길 바랍니다. 학습자로부터 수집된 피드백(코스 리뷰, 설문조사 응답 등)을 분석하여, 교육 컨텐츠와 교육 방법의 개선점을 식별해주세요. 피드백에서 나타난 주요 문제점과 개선 가능한 영역을 상세하게 보고하세요."

작업3: 개선안 구현 및 결과 모니터링
분석된 데이터와 피드백을 바탕으로 개선안을 구현하고, 이러한 변화가 학습 결과에 미치는 영향을 지속적으로 모니터링하는 것은 교육 과정의 지속적인 개선을 위해 중요하다.

프롬프트: "ChatGPT, 프로젝트 매니저의 역할을 맡아주시길 바랍니다. 제안된 개선안을 교육 컨텐츠에 구현하고, 이러한 변경이 학습자의 성과와 만족도에 미치는 효과를 모니터링해주세요. 구현 후의 데이터를 새로운 학습자 행동과 성과와 비교 분석하여, 개선의 효과를 평가하세요."

전략#6: 스케일링 전략화

작업1: 시장 확장성 평가
교육 컨텐츠를 다양한 지역, 언어 및 문화에 맞게 조정하여 국제 시장으로 확장하는 가능성을 평가하는 것은 비즈니스 성장을 위해 중요하다. 이를 위해 시장 조사, 경쟁 분석, 문화적 적합성 검토가 필요하다.

프롬프트: "ChatGPT, 글로벌 비즈니스 전략가의 역할을 맡아주시길 바랍니다. 현재 교육 컨텐츠가 잠재적으로 확장 가능한 국제 시장을 평가해주세요. 각 시장의 특성, 수요, 규제 환경을 고려하여 확장 전략을 제안하세요."

작업2: 다중 언어 및 문화 적합성 최적화

다양한 언어로 컨텐츠를 제공하고 문화적 요소를 적절히 반영하는 것은 글로벌 시장에서의 성공을 보장하는 핵심 요소이다. 이는 교육 컨텐츠의 접근성을 높이고, 각 지역 시장에서의 효과적인 학습을 지원한다.

프롬프트: "ChatGPT, 다문화 커뮤니케이션 전문가의 역할을 맡아주시길 바랍니다. 다양한 언어 및 문화에 맞는 컨텐츠를 개발하기 위한 전략을 제안해주세요. 특히, 번역의 정확성, 문화적 민감성, 교육적 효과가 최적화되도록 구체적인 방법론을 포함해야 합니다."

작업3: 기술 인프라 및 파트너십 개발

글로벌 시장 확장을 위해 필요한 기술 인프라를 구축하고, 현지 파트너와의 협력을 개발하는 것은 교육 서비스의 효과적인 배포와 운영을 지원한다.

프롬프트: "ChatGPT, IT 인프라 개발자의 역할을 맡아주시길 바랍니다. 글로벌 시장에 적합한 기술 인프라를 설계하고, 현지 파트너와 협력하여 교육 서비스를 효율적으로 제공할 수 있는 전략을 개발해주세요. 특

히, 데이터 보안, 접근성, 사용자 경험을 최적화하는 방안을 포함해야 합니다."

 ## 전략#7: 다중 플랫폼 배포화

작업1: 플랫폼별 컨텐츠 최적화

다양한 플랫폼에서 컨텐츠를 효과적으로 배포하려면 각 플랫폼의 특성에 맞춰 컨텐츠를 최적화하는 것이 중요하다. 이는 플랫폼별 사용자 경험을 향상시키고, 컨텐츠의 가시성 및 참여도를 높이는 데 기여한다.

프롬프트: "ChatGPT, 멀티미디어 컨텐츠 전략가의 역할을 맡아주시길 바랍니다. 다양한 온라인 플랫폼(예: YouTube, Vimeo, Udemy, Coursera 등)에 맞춤화된 컨텐츠 최적화 전략을 개발해주세요. 각 플랫폼의 기술적 요구사항과 사용자 기대를 고려한 컨텐츠 형식 및 설계 지침을 제공해야 합니다."

작업2: 플랫폼 통합 전략

다양한 학습 관리 시스템(LMS) 및 플랫폼에 컨텐츠를 일관되게 통합하려면 효율적인 배포 전략이 필요하다. 이는 컨텐츠의 접근성을 보장하고, 다양한 플랫폼에서의 컨텐츠 관리를 용이하게 한다.

프롬프트: "ChatGPT, 시스템 통합 전문가의 역할을 맡아주시길 바랍니다. 다양한 학습 관리 시스템(LMS) 및 온라인 플랫폼에 교육 컨텐츠를 효과적으로 통합할 수 있는 전략을 개발해주세요. 이 전략에는 API 사용, 데

이터 형식 표준화, 그리고 플랫폼 간 호환성 검증이 포함되어야 합니다."

작업3: 성능 모니터링 및 사용자 피드백 반영

다중 플랫폼에서 컨텐츠의 성능을 모니터링하고 사용자 피드백을 수집하는 것은 컨텐츠의 지속적인 개선과 최적화를 위해 필수적이다. 이를 통해 사용자 경험을 지속적으로 향상시킬 수 있습니다.

프롬프트: "ChatGPT, 데이터 분석가의 역할을 맡아주시길 바랍니다. 다중 플랫폼에서 제공되는 교육 컨텐츠의 성능을 모니터링하고, 사용자 피드백을 수집해 분석해주세요. 수집된 데이터를 바탕으로 컨텐츠의 개선안을 제안하고, 플랫폼별 사용자 경험을 최적화할 수 있는 전략을 개발해야 합니다."

전략#8: 소셜 미디어와 인플루언서 마케팅화

작업1: 소셜 미디어 채널 선택 및 컨텐츠 전략 개발

적절한 소셜 미디어 채널을 선택하고 이에 맞는 컨텐츠 전략을 개발하는 것은 브랜드 인지도를 높이고 타겟 학습자에게 도달하는 데 필수적이다. 각 채널의 특성과 타겟 오디언스의 행동 패턴을 고려해야 한다.

프롬프트: "ChatGPT, 소셜 미디어 전략가의 역할을 맡아주시길 바랍니다. 페이스북, 인스타그램, 트위터, 링크드인 등 다양한 플랫폼을 대상으로 하는 컨텐츠 전략을 개발해주세요. 각 플랫폼에 최적화된 컨텐츠 유

형, 포스팅 빈도, 타겟 오디언스의 참여 방식을 고려한 전략을 제안해야 합니다."

작업2: 인플루언서 파트너십 개발 및 관리

영향력 있는 인플루언서와의 파트너십을 개발하고 관리하는 것은 브랜드 메시지를 확장하고, 신뢰성을 구축하는 효과적인 방법이다. 인플루언서가 타겟 학습자와 잘 맞는지, 그리고 그들의 팔로워들이 학습 컨텐츠에 어떻게 반응할 가능성이 있는지 분석해야 한다.

프롬프트: "ChatGPT, 인플루언서 마케팅 매니저의 역할을 맡아주시길 바랍니다. 온라인 교육 분야에서 영향력을 가진 인플루언서들과의 파트너십을 개발하세요. 인플루언서 선정 기준, 목표 오디언스와의 적합성 평가, 그리고 예상되는 ROI 분석을 포함한 전략을 제시해야 합니다."

작업3: 캠페인 성과 분석 및 최적화

소셜 미디어 캠페인과 인플루언서 파트너십의 성과를 분석하고 이를 기반으로 캠페인을 지속적으로 최적화하는 것은 ROI를 극대화하고 전략적 목표를 달성하는 데 중요하다.

프롬프트: "ChatGPT, 디지털 마케팅 분석가의 역할을 맡아주시길 바랍니다. 진행 중인 소셜 미디어 캠페인과 인플루언서 파트너십의 성과를 분석해주세요. 사용된 채널, 전략, 타겟 오디언스의 반응, 참여도 등을 평가하고, 향후 개선할 수 있는 구체적인 방안을 제안해야 합니다."

전략#9: 구독 및 회원 기반 모델 활용

작업1: 구독 모델 설계 및 가치 제안 개발

구독 및 회원 기반 모델은 지속적인 수익을 생성하고 고객 충성도를 높이는 효과적인 방법이다. 각 구독 티어에 명확한 가치를 제공하고, 고객의 다양한 요구를 충족시킬 수 있는 모델을 설계하는 것이 중요하다.

프롬프트: "ChatGPT, 비즈니스 전략가의 역할을 맡아주시길 바랍니다. 다양한 학습자의 요구에 맞춘 구독 및 회원 기반 모델을 설계해주세요. 각 구독 티어의 가치 제안, 예상 고객 세분화, 그리고 각 티어에서 제공될 서비스와 혜택을 명확히 정의해야 합니다."

작업2: 가입 및 유지 전략 개발

구독 모델의 성공은 가입을 유도하고, 고객의 장기적인 유지를 보장하는 전략에 달려 있다. 효과적인 마케팅 전략, 고객 참여 방안, 그리고 지속적인 가치 제공이 필수적이다.

프롬프트: "ChatGPT, 마케팅 매니저의 역할을 맡아주시길 바랍니다. 구독 모델에 가입을 유도하고 장기적으로 고객을 유지할 수 있는 전략을 개발해주세요. 효과적인 마케팅 전략, 가입 인센티브, 고객 참여 및 유지 방안을 포함해야 합니다."

작업3: 피드백 반영 및 서비스 개선

구독 모델을 지속적으로 개선하고 최적화하기 위해서는 고객의 피드백을 정기적으로 수집하고, 이를 기반으로 서비스 개선을 진행해야 합니다. 이 과정은 고객 만족도를 높이고, 서비스의 경쟁력을 유지하는 데 중요하다.

프롬프트: "ChatGPT, 고객 관계 관리 전문가의 역할을 맡아주시길 바랍니다. 구독자의 피드백을 수집하고 분석하여, 서비스 개선을 위한 구체적인 방안을 제안해주세요. 피드백을 바탕으로 각 구독 티어의 서비스를 어떻게 개선할 수 있을지, 구독자의 만족도를 어떻게 향상시킬 수 있을지 전략을 마련해야 합니다."

전략#10: 온라인 교육의 가치 제안 강화

작업1: 가치 제안의 명확화 및 커뮤니케이션
온라인 교육 프로그램의 가치 제안을 명확히 정의하고 이를 효과적으로 커뮤니케이션하는 것은 잠재 고객에게 교육 과정의 이점을 분명히 전달하는 데 중요하다. 이 과정은 브랜드 인지도를 높이고, 고객의 구매 결정에 영향을 준다.

프롬프트: "ChatGPT, 커뮤니케이션 전문가의 역할을 맡아주시길 바랍니다. 온라인 교육 프로그램의 핵심 가치 제안을 명확히 하고, 이를 대상 학습자에게 전달할 수 있는 전략을 개발해주세요. 이 전략은 교육 과정의 특징, 장점, 그리고 학습자에게 제공할 실질적인 이점을 강조해야 합니다."

작업2: 교육 컨텐츠의 차별화 및 혁신

온라인 교육 시장에서 경쟁력을 유지하기 위해서는 교육 컨텐츠를 지속적으로 혁신하고 차별화하는 것이 필요하다. 이는 학습자가 경험할 수 있는 독특한 학습 방식과 컨텐츠를 제공함으로써 이루어진다.

프롬프트: "ChatGPT, 교육 혁신 전문가의 역할을 맡아주시길 바랍니다. 온라인 교육 프로그램에서 제공하는 컨텐츠를 어떻게 혁신하고 차별화할 수 있을지 전략을 개발해주세요. AI를 활용하여 교육 컨텐츠를 개선하는 방법, 학습자 참여를 높일 수 있는 인터랙티브 요소의 도입 등을 포함해야 합니다."

작업3: 고객 경험 및 만족도 향상

온라인 교육에서 학습자의 경험과 만족도를 향상시키는 것은 장기적인 고객 유지와 브랜드 충성도 증가에 직접적으로 기여한다. 이는 학습 플랫폼의 사용 용이성, 지원 서비스의 품질, 그리고 학습 컨텐츠의 효과성을 통해 달성된다.

프롬프트: "ChatGPT, 고객 경험 분석가의 역할을 맡아주시길 바랍니다. 온라인 교육 프로그램에서 학습자의 경험과 만족도를 어떻게 향상시킬 수 있을지 전략을 개발해주세요. 플랫폼의 사용자 인터페이스 개선, 지원 서비스의 효율성 증대, 학습 컨텐츠의 개인화 등을 포함한 방안을 제시해야 합니다."

"AI 활용 온라인 동영상 교육 과정 제작 전략"에서 논의된 각 전략은 온라인 교육 컨텐츠의 제작과 마케팅을 혁신할 수 있는 강력한 기반을 제공하리라 기대한다.

이 장에서 소개된 내용은 목표 시장의 깊은 이해, 컨텐츠의 효과적인 커뮤니케이션, 그리고 학습자 참여를 극대화하는 기법 등을 포함하여 교육 컨텐츠의 전반적인 품질을 향상시키는 데 도움이 되었다.

이제 여러분의 차례다.
이 장에서 제공한 전략을 적용하여 교육의 미래를 재정의하고, 학습자에게 더욱 풍부하고 참여적인 학습 경험을 제공하자. 시작할 준비가 되셨습니까?

오늘부터 AI의 힘을 활용하여 교육 컨텐츠의 차이를 만들어 나가자. 행동하는 것이 바로 성공으로 가는 첫걸음이다.

강경일

한국미디어창업뉴스 수석기자로 활동 중이며 인공지능미디어창업협회 부원장이다.
'챗GPT 활용 및 실천 방안을 전파하는 전도사가 되겠다'는 사명으로 전국으로 디지털융합 강의 활동을 펼치고 있다. '제1회 메타버스 ESG 전문강사 경진대회' 대상을 수상했고, 디지털융합콘텐츠 크리에이터로서 다양하고 활발한 활동을 이어가고 있다.

현) 한국미디어창업뉴스 수석기자 및 자문위원
현) 인공지능미디어콘텐츠협회 부원장
현) 한양대학교 미래경영전략과정 지도교수
현) 한국메타버스ESG연구원 부원장
현) 법무법인 승앤파트너스 메타버스 자문위원
현) 강서구 진로센터 메타버스 자문위원 네이버 ZEP 공식튜터
전) 국방TV 국방뉴스 앵커/ 국방부 의전행사담당

퇴근 후
온라인강사로
변신한 홍대리

Part 3

온라인 강사가 되는길
: 당신의 성공적인 커리어를 위한 가이드

CONTENTS

매력적인 강의안 작성법

강의 현장에서 전달력 높이는 스피치 기법

스마트한 줌 활용법

인공지능 활용 강의 기획서, 제안서 작성

SNS 강의 홍보 전략

코로나19로 인해 오프라인 강의보다는 온라인 강의 수요가 대폭 증가하였다. 심지어 코로나 종식 선언 이후에도 이제 온라인 강의가 보편화되는 추세이다. 물론 사람들은 여전히 오프라인강의 환경을 더 선호하고 집중력도 높아진다고 하지만, 3년여의 코로나 시절을 견뎌내며 익숙해진 온라인 강의 환경 역시 정착되는 상황인 것이다. 이러한 시점에서 이제 강사 시장의 흔히 말하는 각 분야별 1타 강사, 스타강사가 되려면 누구나 온라인 교육을 진행할 수 있는 기본적인 역량을 갖추고 있어야 하는데 당신이 아직까지 아무런 준비없이 막막하다면 지금부터 집중하길 바란다. 저자가 지난 코로나 시절부터 지금까지 경험하며 쌓아온 노하우와 팁, 그리고 인사이트를 아낌없이 드릴 것이다.

매력적인 강의안 작성법

강의안은 강의의 뼈대이자 강사의 멘토 역할을 한다. 강의안을 잘 작성하면 강의의 흐름을 명확히 하고, 강의 내용을 효과적으로 전달할 수 있다. 강의안 작성 시에는 다음과 같은 사항을 고려해야 한다.

가. 강의의 목표와 대상을 명확히 한다.
강의의 목표는 무엇이고, 강의 대상은 누구인지를 명확히 해야 한다. 이를 통해 강의의 방향성과 내용을 결정할 수 있다.

나. 강의의 내용을 체계적으로 구성한다.
강의의 내용을 전달하기 쉽고 이해하기 쉬운 순서로 구성해야 한다. 또한, 강의의 흐름을 고려하여 적절한 삽화를 넣거나, 질문을 제시하는 등 다양한 방법으로 강의의 몰입도를 높일 수 있다.

다. 강의의 시간과 맥락을 고려한다.
강의의 시간과 맥락에 맞는 내용을 선정해야 한다. 또한, 강의의 순서에 따라 내용을 배열해야 한다.

라. 세부 작성 방법

1) 도입
강의의 시작 부분인 도입은 청중의 관심을 끌고 강의에 대한 기대감을 높이는 역할을 하기 때문에 도입 부분에서는 강의의 제목과 목적을 밝히고, 강의의 대상과 필요성을 설명하며, 강의의 주요 내용을 간략하게 소개한다.

2) 전개- 확장
전개 및 확장부분은 강의의 주요 내용을 전달하는 부분으로 강의의 목표를 달성하기 위한 내용을 체계적으로 구성하고, 청중의 흥미를 끌 수 있는 콘텐츠를 활용하며, 강의의 흐름을 유지하면서 내용을 전달한다.

3) 인식
인식 부분은 강의의 마무리 부분으로, 강의의 내용을 요약하고 청중에게 남길 메시지를 전달하는 역할을 하기 때문에 결론으로 이어지는 인식 부분에서는 강의의 주요 내용을 다시 한번 요약하고, 강의의 핵심 메시지를 강조하며, 청중의 질문에 대한 답변을 제공한다.

마. 인공지능 PPT 생성 프로그램 활용 강의안 작성하기

최근에는 인공지능 PPT 생성 프로그램을 활용하여 강의안을 작성하는 경우가 늘고 있다. 인공지능 PPT 생성 프로그램은 강의의 주제와 내용을 입력하면, 자동으로 PPT를 생성해주는 프로그램이다. 이를 활용하면 강의안 작성에 소요되는 시간을 절약할 수 있고, 보다 창의적이고 효과적인 강의안을 작성할 수 있는데 인공지능 PPT 생성 프로그램 중 대표적인 프로그램은 다음과 같다.

1) 감마AI(Gamma ai)

감마 AI는 간단한 제목만 입력하면 인공지능이 자동으로 프레젠테이션을 만들어주는 생성형 AI 프로그램으로 사용자가 제목을 입력해 AI가 목차를 생성해주고 이후 레이아웃과 이미지, 텍스트를 자동으로 만들어 주는데, 이후 생성된 프레젠테이션 슬라이드 자료를 PDF 혹은 MS PPT 파일 형태로 추출할 수 있어 감마에서 제작한 슬라이드 파일을 실제 프레젠테이션에 손색없는 PPT 파일 형태로 수정 및 공유 가능하다.

2) 캔바(Canva)

캔바는 2013년 국내에서 출시 온라인 디자인 및 비주얼 커뮤니케이션 플랫폼, 최근 인공지능 기술까지 더해진 스마트 그래픽 디자인 플랫폼으로, 다양한 이미지와 도형, 아이콘 등을 활용하여 강의안을 작성할 수 있다.

강의 현장에서 전달력 높이는 스피치 기법

가. 스피치 기본 이해 및 나만의 보이스 찾기

스피치는 자신의 생각이나 의견을 전달하는 과정으로, 강의에서도 중요한 역할을 한다. 효과적인 스피치를 위해서는 다음과 같은 사항을 고려해야 한다.

1) 발음과 억양을 정확하게 한다.
발음과 억양이 정확하지 않으면, 청중의 이해를 방해할 수 있다. 시선과 표정을 효과적으로 활용한다. 시선과 표정을 효과적으로 활용하면, 청중의 집중도를 높일 수 있다. 리듬과 호흡을 조절한다. 리듬과 호흡을 조절하면, 강의의 흐름을 자연스럽게 전달할 수 있다.

2) 나만의 보이스를 찾는다.
나만의 보이스를 찾기 위해서는 다양한 목소리를 내보며 자신에게 맞는 목소리를 찾고, 녹음된 자신의 목소리를 들어보고, 개선할 부분을 찾는다.

나. 강의용 스피치 기법

강의현장에서 사용하는 스피치는 일반적인 스피치의 기법과는 다르게 접근해야하는데, 이를 위해 강의 주제와 청중, 장소, 환경에 따라 아래와 같이 온라인(비대면)과 오프라인(대면)으로 구분하여 적용할 수 있겠다.

1) 온라인 강의 스피치 기법

줌으로 온라인 강의 시에는 대면 강의와는 달리 화면을 통해 수강생들과 소통해야 한다는 점이 다른데, 특히 발음과 억양을 정확하게 해야한다.

발음과 억양이 정확하지 않으면, 수강생들이 알아듣지 못하거나 이해하기 어려울 수 있다. 따라서 녹음된 자신의 목소리를 들어보고, 발음과 억양을 교정하는 것이 좋으며, 시선과 표정을 효과적으로 활용해야 한다. 시선과 표정을 효과적으로 활용하면, 수강생들의 집중도를 높일 수 있다.

따라서 강의 중에 수강생들을 향해 시선을 맞추고, 수강생들의 반응에 따라 표정을 변화시키는 것이 좋다. 이어서 리듬과 호흡을 조절해야 한다. 리듬과 호흡을 조절하면, 강의의 흐름을 자연스럽게 전달할 수 있다. 따라서 강의 전에 충분히 연습하여 리듬과 호흡을 익히는 것이 좋다.

정리하자면 온라인 강의 현장에서는 화면과 음성을 동시에 사용하기 때문에, 화면과 음성 모두 신경써야 하며, 화면에서는 자신의 모습이 잘 보이도록 카메라 각도와 조명을 조절해야 하고 음성에서는 발음과 억양, 속도 등을 조절하여 명확하게 전달해야 한다.

특히 온라인 강의에서는 청중의 반응을 직접 확인하기 어렵기 때문에, 적절한 질문과 피드백을 통해 청중의 참여를 유도해야 하고 교육생들의 집중력이 떨어지기 쉬우므로, 적절한 유머와 예시를 활용하여 청중의 흥미를 유발해야 한다.

2) 오프라인 강의 스피치 기법

대면으로 진행하는 오프라인 강의 시에는 화면을 통해 소통하는 것이 아니라 수강생들과 직접 마주보며 소통할 수 있다는 점이 다르다.

먼저 발음과 억양을 정확하게 하고 특히 목소리 크기와 톤에 대해서도 강의장소와 마이크 사용유무, 인원수 등을 고려해 탄력적으로 조절할 수 있는 능력을 갖춰야 한다.

그리고 대면 강의에서는 수강생들과 직접 대면할 수 있다는 가장 큰 환경을 고려해 시선과 표정을 효과적으로 활용하여 수강생들과의 호흡을 맞추는 것이 중요하다. 이에 따라 강의 중에 수강생들을 향해 시선을 맞추고, 수강생들의 반응에 따라 표정을 변화시키는 것이 좋으며 수강생들의 이해를 돕고 지속적인 집중유도를 위해 제스처를 활용한다. 몸짓과 제스처를 활용하면, 강의의 내용을 보다 효과적으로 전달할 수 있다.

정리하자면 오프라인 강의 현장에서는 대면으로 진행하기 때문에 청중의 반응을 직접 확인할 수 있고 교육생의 반응을 고려하여 적절한 속도와 억양을 조절해야 한다. 교육생의 시선을 끌 수 있는 제스처와 표정을 활용해야 하며 교육생의 참여를 유도하기 위해 질문과 토론을 적극적으로 활용하고 집중력을 유지하기 위해 적절한 휴식과 유머를 활용해야 한다.

강사에게 있어서 스피치 능력은 온라인 강의의 성공을 좌우하는 중요한 요소이자 반드시 본인의 잘못된 스피치 능력을 점검해 끊임없이 개선해야 할 과제이다. 위에서 제시한 바와 같이 효과적인 스피치 기법을 익히면, 수강생들의 이해를 높이고, 강의의 효과를 높일 뿐만 아니라 더 성장된 자신감을 바탕으로 더 많은 강의 현장에서 당신을 초청할 것이다.

 **스마트한 줌 활용법**

코로나19로 인해 비대면 수업과 회의가 일상화되면서 줌(Zoom)은 가장 대표적인 화상회의 플랫폼으로 자리 잡았다. 줌은 다양한 기능과 편리한 사용성으로 많은 사람들에게 사랑받고 있지만, 처음 사용하는 사람들은 다소 어려울 수 있다. 이번 장에서는 줌을 처음 사용하는 사람들도 쉽게 이해하고 활용할 수 있도록 구성하였다.

가. 온라인 라이브 줌 활용 기초 이해

1) 줌 설치 및 회원가입
줌을 사용하기 위해서는 먼저 줌을 설치하고 회원가입을 해야 하는데. 줌은 PC와 모바일 모두에서 사용할 수 있으며, 각각의 플랫폼에 맞는 설치 방법을 따라야 한다. 회원가입은 이메일 주소와 비밀번호를 입력하는 것으로 간단하게 할 수 있다.

2) 줌 회의 참가
줌 회의에 참가하기 위해서는 회의 ID와 비밀번호 또는 링크를 알아야 한다. 회의 ID와 비밀번호는 회의를 주최하는 사람이 제공하며, 링크는 회의 주최자가 보낸 초대장에 포함되어 있다.

3) 줌 회의 설정
줌 회의를 시작하기 전에 회의 설정을 해야 하는데. 회의 설정에서는 회의 이름, 참가자 제한, 회의 시간 등을 설정할 수 있다.

4) 줌 화면 구성

줌 화면은 크게 참가자 화면, 호스트 화면, 채팅창, 화면 공유 창 등으로 구성된다. 참가자 화면에서는 참가자들의 모습을 볼 수 있으며, 호스트 화면에서는 회의를 제어할 수 있는 다양한 기능이 제공된다.

5) 줌 채팅 및 파일 공유

줌에서는 채팅 기능을 이용하여 참가자들과 대화를 나눌 수 있으며, 파일 공유 기능을 이용하여 파일을 전송할 수 있다.

6) 줌 가상 배경 설정

줌에서는 가상 배경 기능을 이용하여 자신의 배경을 다른 배경으로 바꿀 수 있다.

7) 줌 화면 녹화

줌에서는 화면 녹화 기능을 이용하여 회의나 수업 내용을 녹화할 수 있고, 종료 후 링크 또는 MP4 파일 형태로 녹화된 강의 내용을 공유할 수 있다.

나. 줌 강의 진행 시 유용한 기능 소개

1) 줌 소회의실 기능

줌 소회의실 기능은 참가자들을 여러 개의 소회의실로 나누어, 각각의 소회의실에서 개별적인 수업이나 회의를 진행할 수 있는 기능이다.

2) 줌 주석 기능

줌 주석 기능은 참가자들이 화면에 그림을 그리거나 글씨를 쓸 수 있는 기능이다.

3) 줌 화이트보드 기능
줌 화이트보드 기능은 참가자들이 함께 화이트보드에 그림을 그리거나 글씨를 쓸 수 있는 기능이다.

4) 줌 퀴즈 기능
줌 퀴즈 기능은 참가자들에게 퀴즈를 출제하고, 참가자들이 퀴즈를 푸는 과정을 모니터링할 수 있는 기능이다.

5) 줌 출석부 기능
줌 출석부 기능은 참가자들의 출석 여부를 확인할 수 있는 기능이다.

다. 줌의 Ai companion 기능 소개
Ai companion은 줌에서 제공하는 인공지능 기반의 보조 기능입니다.

1) Ai companion 활용 방법
Ai companion은 참가자들의 발언을 분석하여, 발언자의 감정을 파악하고, 발언자의 발언 내용을 요약하여 제공한다.

2) Ai companion 기능 활용 예시
Ai companion은 회의나 수업에서 참가자들의 발언을 효율적으로 관리하고, 회의나 수업의 진행을 원활하게 하는 데 도움을 준다.

인공지능 활용 강의 기획서, 제안서 작성

건물을 건설하기 전 첫 단계작업이 설계도 작성처럼 성공적인 강의를 진행하기 위해서는 우선적으로 강의 기획서를 작성해 강의의 목표와 내용, 실습 방법, 평가방법 등을 구체화 하고 가시화 하여야 한다. 그리고 이를 바탕으로 교육 수요기관을 대상으로 강의 제안을 하게되는데 이와같은 기획서와 제안서를 인공지능 프로그램 챗GPT, 구글 바드, 네이버 하이퍼 클로바 X를 통해 쉽고 빠르게 작성하는 방법을 알아보겠다.

가. 강의 기획서 및 제안서의 구조

1) 강의 기획서 작성 구조
 가) 강의 제목: 강의의 내용과 목적을 명확하게 나타내는 제목을 작성
 나) 강의 목표: 강의를 통해 수강생들이 달성해야 할 목표를 구체적으로 작성
 다) 강의 대상: 강의를 듣는 대상의 연령, 성별, 직업 등을 구체적으로 작성
 라) 강의 내용: 강의에서 다룰 내용을 구체적으로 작성
  예) 인공지능의 개념과 발전 방향, 인공지능의 활용 분야, 인공지능 개발에 필요한 기술 이해
 마) 강의 방법: 강의 방식, 강의 시간, 강의 장소 등을 포함해 구체적으로 작성
 바) 강의 일정: 강의를 진행하는 일정을 구체적으로 작성합니다. 강의 시작일, 강의 종료일, 강의 시간 등을 포함

2) 제안서 작성 구조

　가) 제안서의 목적을 명확하게 설정 제안서의 목적에 따라 내용과 형식이 달라질 수 있다.

　나) 제안서의 내용을 구체적으로 작성 제안서의 내용이 명확하고 구체적일수록 상대방의 이해도와 신뢰도가 높아짐

　다) 제안서의 형식을 일관성 있게 유지 제안서의 형식이 일관성 있게 유지되면 상대방이 제안서를 쉽게 이해할 수 있다.

　라) 제안서의 내용을 시각적으로 표현, 제안서의 내용을 시각적으로 표현하면 상대방의 이해도와 관심을 높일 수 있다.

　마) 제안서를 작성할 때에는 상대방의 요구사항을 파악하고, 이에 맞는 내용을 작성해야 한다. 상대방의 요구사항을 파악하기 위해서는 상대방과의 충분한 소통이 필요함

나. 인공지능 프로그램 활용 강의 기획서 작성하기

생성형 인공지능 프로그램 ChatGPT, 구글 바드, 네이버 하이퍼클로바X 등을 활용해 강의 기획서와 제안서를 작성하기 위해서는 아래와 같은 명령어(프롬프트)를 인공지능 프로그램에 직접 입력해 산출된 내용을 강사 입장에서 좀더 수정 보완해 활용할 수 있다

1) 생성 AI 프로그램으로 강의 기획서 작성 프로세스
　가) 생성 AI 프로그램 가입 및 로그인
　나) 생성 AI 프로그램 접속 후 명령어 (프롬프트) 입력창에 구조화된 프롬프트 입력

다) 강의기획서 생성 프롬프트 (예시)

> 명령어 (prompt)
> 아래 조건에 따라 강의 계획서를 테이블 형태로 작성해줘, 헤더의 칼럼은 시간, 세부 교육내용, 비고로 구분
>   - 강의 제목 : 챗GPT 오피스 활용기법
>   - 대상 : 공기업 임직원 대상
>   - 강의 시간 : 4시간
>   - 강의 내용 : 챗GPT의 생성 원리 이해, 최신 기술 소개, 생성AI 프로그램의 이해
>   최신 생성 AI 프로그램 유형별 소개, 챗GPT 오피스 활용 실습, 챗 GPT 기초활용 실습(자동 PPT 작성, 자료조사, 공식행사 식순, 말씀자료 작성 등), 챗 GPT 홍보, 업무 활용 실습(카피라이팅, 블로그, 보도자료 작성, SNS 문구 작성, 회사소개, 기업 활동 소개 작성 등)
>   - 강의 방법 : 인공지능 프로그램접속 및 실습

라) 강의기획서 생성 결과 (예시)

시간	상세교육내용	비고
09:00 - 9:30	ChatGPT 생성 원리 이해	
09:30 -10:00	최신 기술 소개	
10:00 -10:30	생성 AI 프로그램 이해	커피 브레이크
10:30 -11:00	최신 AI 프로그램 유형 소개	
11:00 -11:30	Chat GPT 사무용 실습	
11:30 -12:00	Chat GPT 기본 사용 실습	점심 시간
13:00 -13:30	자동 PPT 생성 실습	
13:30 -14:00	데이터 조사 및 공식 행사 주문 실습	
14:00 -14:30	발표 자료 작성 실습	커피 브레이크
14:30 -15:00	Chat GPT 홍보 및 업무용 실습	
15:00 -15:30	카피라이팅, 블로깅, 보고서 작성	
15:30 -16:00	SNS 텍스트 작성, 회사 소개 작성	강의 마무리 및 질의응답

SNS 강의 홍보 전략

가. 인스타그램, 페이스북 홍보 콘텐츠 제작하기

인스타그램과 페이스북은 대표적인 소셜미디어 플랫폼으로, SNS를 통해 강의의 주제와 내용을 알기 쉽게 표현하고, 강의의 장점과 특징을 강조하여 수강생들의 관심을 끌 수 있다

온라인 강의를 홍보하는 데 효과적이다. 이렇게 홍보 콘텐츠를 제작할 때에는 강의의 주제와 내용을 알기 쉽게 표현하고, 강의의 장점과 특징을 강조하며, 시각적으로 돋보이는 콘텐츠를 제작한다.

나. 강의 공지용 웹포스터 만들고 SNS 업로드
웹포스터는 강의를 홍보하는 데 효과적인 도구이다. 웹포스터를 만들 때에는 강의의 주제와 내용을 핵심적으로 표현하고, 강의의 일정과 장소, 신청 방법 등을 명확히 표기하며, 강의의 분위기와 느낌을 살린 디자인을 한다.

다. 홍보 블로그 작성하기
블로그는 온라인 강의를 홍보하는 데 효과적인 플랫폼이다. 블로그를 통해 강의의 내용과 장점을 자세히 소개할 수 있다. 블로그를 작성할 때에는 강의의 주제와 내용을 중심으로 글을 구성하고, 강의의 장점과 특징을 구체적인 예시를 들어 설명하며, 읽기 쉽고 이해하기 쉬운 글을 작성한다.

곽연호

현재 대구 수성구 범어동에서 스위츠테이블이라는 베이킹공방과 연구실을 운영중이다. 베이킹이 필요한 개인 취미부터 업소를 하시는 대표님들의 디저트 메뉴 컨설팅업무를 주로 하고 있으며 지역민들의 로컬 디저트 메뉴컨설팅을 하는 관광두레컨설턴트 업무도 하고 있다. 좀 더 나아가 디저트가 필요한 소상공인들의 메뉴 컨설팅뿐만 아니라 창업컨설팅까지 아우르는 컨설턴트가 되기위해 공부중이며 의뢰 받아 활동중이다.

2023 서울국제푸드 앤 테이블웨어 박람회 서울시장대상수상
2023 중소벤처기업부 1인기업온라인강사 1급
2023 관광두레 컨설턴트 자격취득
2022 한국농수산식품유통공사 글로벌외식전문가 우수상 수상
2020 프랑스 벨루이꽁세이제과수료
2018 동경제과제빵 수료
2017 스위츠테이블 시작, 베이킹강사 커피강사 쇼콜라티에강사

퇴근 후

온라인강사로
변신한 홍대리

Part 4

오프라인 베이킹 강사의
새로운 크리에이티브로 가는길

CONTENTS

시작의 떡잎은 언제부터

취미가 직업이 되기까지

제과제빵 학원강사에서 스위츠 테이블의 시작

코로나와 스위츠 테이블

또 다른 내가 되기 위한 노력

또 다른 목표가 생기다

베이킹 강사가 되려면

베이킹 공방을 운영해 보고 싶은 분들에게

베이킹 강사의 영역은 어디까지

베이킹이라 불리는 제과 제빵의 현황

베이킹으로 온라인 강사되기

스위츠 테이블, 곽연호

 **시작의 떡잎은 언제부터**

어릴 때부터 호기심이 많던 나는 "똥도 찍어 먹어 보아야겠다"라는 용감한 말괄량이였다. 늘 공부보다 딴 생각이 많았고 신기한 일들에 호기심이 넘쳤다. 늘 교과서보다 다른 책들을 보는 것을 즐겨 했고 궁금하면 직접 해보아야 직성이 풀렸다. 혼자 책을 읽거나 산과 들에 나는 풀이나 나무에 관심이 많았고 그것들을 식재료로 구분할 수 있는지 궁금해했다.

또 다른 예로 친구 집에서 식사를 함께 하게 되었을 때도 남의 집 요리법이나 식재료 사용에 관심이 많았다. 심지어 친구의 어머니가 어떤 요리를 잘 하시고, 식탁에 자주 올리는 메뉴가 무엇이었는지 지금도 기억하고 있다. 어린 시절부터 먹는 것보다 요리 메뉴나 조리방법에 더 큰 관심이 있었다.

홍정욱 저자의 ≪7막 7장≫에서는 연극의 막과 막사이에 연결점에 관한 이야기를 다룬다. 연극의 다른 막이 시작될 때 연결점이 있는 것처럼, 잠시 정전 같은 암흑의 시간이 지나고 밝아진다. 파티시에로서 나의 인생 또한 빛과 어둠이 늘 공존했다. 내가 만든 빵을 먹고 고객들이 건강하고 행복해지기를 원했다. 그래서 그 수많은 어둠을 용기 있게 넘길 수 있었다. 매일 아침 '딩그랑 딩구랑' 왈츠 소리로 고객을 만난다.

고소한 베이킹 냄새를 맡은 고객들은 눈과 입으로 그 행복감을 표현한다. 매장에 들어서자 입가의 미소가 번진다. 내가 가장 좋아하는 순간이다. 고객의 마음을 즐겁게 하는 파티시에가 되고 싶었다.

최근에는 베이커리 유튜브를 개설했고, 전국 단위 관광두레 컨설턴트로 활동하고 있다. 대구 수성구 범어동에 위치한 스위츠 테이블에서는 베이킹 클래스를 진행하고 있다. 이 공방에서는 일대일 베이킹 클래스를 주로 운영한다. 최근에는 디저트 메뉴 컨설턴트까지 도전하고 있다.

취미가 직업이 되기까지

스위츠 테이블은 베이킹 전반을 가르쳐 주는 공간이기도 하지만 베이킹이 필요한 모든 사람에게 열려있으며 나만의 연구실이기도 하다. 스위츠 테이블을 시작하기까지의 과정은 정말 우연히 취미가 직업이 된 케이스라 하겠다. 결혼 전의 직업은 은행원이었다. 그때는 베이킹을 하고 살게 되리라고는 차마 생각지도 못하고 할 생각도 없었던 20대였다.

은행원 시절 돈을 모아 프랑스로 패션 공부를 해보고 싶다는 무모한 꿈을 꾸고 있었다. 패션 공부를 꿈꾼 이유는 우연히였다. 퇴근 후 배운 메이크업과 헤어 그리고 코디네이터 공부가 아주 짧은 1년이었지만 내 마음을 흔들었다. 색깔에 민감한 나는 남의 얼굴이나 머리를 만지는 일보다는 의상을 매만지고 소품을 만들어 주며 꾸며주는 코디네이터 그 이상의 공부가 하고 싶어졌었다.

그 치기 어린 시절에 마음으로 열심히 프랑스로 날아갈 생각에 돈을 열심히 저축했었다. 결국 그때 모아둔 돈은 결혼자금으로 사용되게 되었지만 결혼과 동시에 경력 단절녀가 되었다. 그때 그 시절에 몇몇 직업 빼고는 결혼을 하면 여자들은 직장을 그만 둘 수밖에 없는 현실이었다. 결혼

후 두 아이를 낳고 7년의 시집살이를 하고는 시댁 근처로 분가를 하게 되었다. 아이들도 어린이집이라는 곳에 반나절 이상 가게 되는 시간들이 내게 선물처럼 생겨났다.

취미로 그림과 요리를 배우고 베이킹도 배웠다. 뭐든지 꾸준히 하는 나는 베이킹을 3년 이상 취미로 배우던 중 자격증을 따고 학원 원장님으로부터 강사 자리도 제의받았다. 그때 내가 취미로 배운 베이킹은 도쿄 홈메이드 협회의 일본 제법의 제과제빵 과정들이었고 일본 연수까지 마친 상태였다.

요리도 대학교수님께 배워 함께 해보자고 제의를 받기도 했다. 그림도 마스터가 어느 정도 되어서 개인 강사를 해도 되어 있던 차에 나는 베이킹을 선택하게 되었다. 베이킹은 아이들에게 간식을 해결해 주고 선물로써 많은 가치를 발휘했었다.

가장 매력적인 게 먹고 없어져서 그림처럼 집에 쌓여 있지 않아 남편도 좋아했었다. 돈을 주고 사 먹고 싶다고 주문이 들어오기 시작했다. 그 계기로 집에 전문적인 빵이나 케이크를 좀 더 많이 구울 수 있게 만드는 좋은 오븐도 들이게 되었다. 나의 제과제빵의 길은 아주 사소하게 취미에서부터 시작하게 되었다.

 제과제빵 학원강사에서 스위츠 테이블의 시작

생각보다 보조강사 일도 만만치 않았다. 누구를 가르치는 역할을 할 거라고는 기대하지 않았다. 보조강사로 활동하면서 재료 준비, 뒷정리, 수강생들의 안전 관리 등을 도맡았다. 애교 없이 무뚝뚝한 내가 수강생들에게 꽤나 인기를 끈 비결은 진정성이었다.

세련되고 상냥함으로 무장한 인근 강사들에 비해 나의 장점은 수강생 일대일 맞춤 코칭이었다. 꼼꼼하게 수강생 한 명 한 명의 어려운 점을 파악해서 도와주었다. 결국 초등 저학년부터 중학생까지의 베이킹 강의 메인 강사로 발돋움하는 계기가 되었다.

오후 반만 있었던 아동 베이킹은 학생이 많아지며 오전 반까지 개설하게 되었다. 토요일 하루는 아동 베이킹 수업이 날로 인기가 많아졌다. 외부강의나 다른 수업 들에도 참여하고 단독적인 수업들을 맡기 시작했다.

물론 중간중간 내 개인사로 인해 그만두어야 하나 고민되는 일들도 많았었다. 9년 8개월이라는 시간을 나는 꿋꿋하게 제과제빵학원 강사로 역임하게 되었다. 그 시간 속에서도 늘 새로운 걸 배우고 베이킹이 아닌 것들도 틈틈이 배우는 사람이었다.

첫째 아이가 학교생활을 잘하지 못하게 공황장애와 무기력에 빠지게 되었다. 고3을 마치고 갑자기 오게 된 아이의 문제였다. 나는 과감하게 학원을 그만두게 되는 결정을 내렸다. 아이와 같이 1년을 함께 추억 쌓기 위해 함께하는 시간을 갖기로 했다.

그 힘이 그래도 컸었던가 아이는 여전히 병원과 약을 먹어야 했었지만 점점 기운을 찾기 시작했다. 반년이 지나 서울에 다니며 미술 공부를 좀 더 하겠다고 하였다. 물론 금전적인 면이나 여자아이라는 것 때문에 처음에는 함께 따라가 주고 기다려 주다가 천천히 혼자 다니게 두기 시작했다.

아이의 자존감도 많이 나아지고 있었다. 내게도 새로운 작업실도 알아보아야겠다는 생각이 생기기 시작했다. 여러 부동산에 연락하고 상가들을 알아보러 다니다 실망하고 돌아오던 어느 날 우연히 공사 중이던 지금의 자리가 눈에 띄었다.

주변 부동산에 물어 상가가 나와 있는지 확인을 해보았다. 늘 가방에 현금 200만 원을 가지고 있었기에 묻지도 않고 형태도 완성되지 않은 그 자리를 덜컥 계약하고 돌아왔다. 지금 생각해 봐도 무모하고 용감한 계약이었다. 다행한 건 주인분이 좋으신 분이셨다. 원래 계약 월세보다 5만 원을 깎아 주셨다.

첫 작업실에 대한 기대감이 없지 않았다. 주변에 상가들의 텃세와도 견뎌야 하는 사건들도 있었었다. 한 3년 동안은 돈을 벌지 못하고 유지만이라도 해야겠단 생각이었다.

정말 3년은 내게는 유지만 하는 수준이었다. 물론 그 시간에 일본과 프랑스 연수와 베이킹 세미나도 다녔고 외부강의로 근근이 스위츠 테이블을 운영하게 되면서 곧 잘 될거라고 믿으며 2020년을 기다리고 있었다.

 코로나와 스위츠 테이블

2020년 1월 20일 대한민국에 코로나 봉쇄령이 떨어지게 되었다. 가장 먼저 내가 살고 있는 대구에는 신천지 코로나라는 오명으로 대구 사람들을 전체적으로 압박하고 다른 지역에 방문하는 교통편도 막았다. 택배조차도 집으로 바로 받을 수도 없는 아주 불편하기만 한 게 아니라 삶 전체를 흔드는 바이러스 경보령이 내렸다.

나름의 브랜딩을 준비해서 2020년부터 본격적으로 스위츠 테이블을 알리고 더 넓어진 영역으로 뻗어 가보고자 했던 내 계획들은 수포로 돌아가 버렸다. 집 밖도 나다닐 수 없는 현실에 망연자실했고 그 속에서 월세는 내야하고 생활도 해야만 했다.

예전 제과제빵학원 때 메르스나 사스 때의 시간들과는 비교할 수 없을 상황들이 펼쳐지고 있었다. 그 와중에 지인들이 시청 아르바이트와 대학 조교 자리도 소개해 주기도 했다. 반년 정도만 참으면 되지 않을까라는 간단한 생각에 좋은 자리들도 다 마다하고 스위츠 테이블만 생각하고 있었다.

그때 공방에서의 수업은 잘 진행되지 않았지만 그래도 학교에서 조금씩 베이킹 수업이 의뢰가 들어오고 있었다. 내 강의를 아시는 분의 의뢰로 일은 꾸준히 할 수 있게 되었다. 하지만 수업들은 예전처럼 한 곳에 여러 명이 함께 모여 수업을 하는 게 아니었다.

자기 자리에서 마스크는 필히 해야 하고 시식은 고사하고 방역과 위생에 철저히 신경을 써서 수업해야 했었다. 수업 전에 미리 보건소에 들러 코로나 검사를 맡아야만 했다. 그 확인서를 학교에 제출하고 며칠간의 몸 온도도 체크한 보고서도 제출해야지만 수업을 참석할 수 있었다. 요리나 베이킹 수업은 무척 까다로웠다.

대구뿐만 아니라 포항, 경주 등 경북권 고속도로를 달려서 가서 하는 외부강의가 끊임없이 내게 주어졌었다. 베이킹뿐만 아니라 쇼콜라티에 수업, 그리고 미니어처로 만드는 케이크수업 ,푸드스타일리스트 수업도 하게 되었다. 틈틈이 취미로 배워서 자격증까지 있었던 게 코로나에 나를 살게 해주는 역할을 톡톡히 하고 있었다.

코로나에도 틈틈이 사회복지 공부와 평생교육사 공부도 하게 되었다. 예전 제빵학원 강사 시절에 장애우 학생들을 가르치며 꼭 해보고 싶었던 공부기도 했었다. 코로나 시절에 그때 나 자신을 다시 돌아보는 시간들을 가지게 되었다. 나에게 맞는 일이 사회복지사가 아니라 베이킹 강사와 처음 목표했던 베이킹 관련자로 남아야겠다는 뚜렷한 생각들을 다지게 되었다.

다시 힘을 내어 천천히지만 나름의 방법들을 찾아 잘 견뎌보자는 생각을 하기 시작했다. 2021년을 시작하게 되면서 나는 스위츠 테이블을 어떻게 하면 알리고 나아질까를 고민하다고 온라인 마케팅을 배워야겠다는 생각이 들게 되었다

사실 이때에 코로나로 오프라인 매장들이 점점 사라지고 배달과 온라인 시장으로 넘어가고 있었다. 먼저 넘어간 사람들은 잘 견디며 지나가고 있었지만 어찌해야 할 줄 모르고 정보 없이 살고 있었던 나로서는 어느 정도 소 뒷걸음에 따라가는 지경이었다. 그때에 줌이라는 세상을 우연히 접하며 비대면으로 온라인 마케팅을 알려주는 알아듣지 못하지만 여러 강의들을 무료 또는 유료로 열심히 공부하게 되었다.

여태껏 하는 일들은 대면으로 하는 기술적인 파트가 주였던 강의라 컴퓨터 앞에 앉아 비대면으로 듣는 온라인 강의가 내게는 너무 어려웠다. 그 당시에는 이해했다가도 하루만 지나도 다 날아가 버리는 수준이었고 세상은 코로나 전과 후로 나누어질 정도로 몇십 배 빠르게 바뀌고 진화되고 있었다. 코로나로 나와 스위츠 테이블의 위기가 왔고 그 시간들을 벗어나고자 하는 노력들이 점점 늘어가게 되었다.

 또 다른 내가 되기 위한 노력

　코로나가 어쩌면 세상을 바꾼 거라고 할 수도 있지만 변화는 사실 크게 뒤집혀야지만 새로울 수 있는가 보다. 늘 깨어 있으려고 했지만 못 따라가고 있는 내가 어중간한 위치로 서 있었다. 열심히 따라가려고 한다고 생각했었는데 지금 돌이켜보니 나도 안주하며 서 있었다는 걸 최근에야 많이 느끼게 되는 실정이다.

　나름의 1인 기업이라 누구에게 듣는 정보도 없었으며 잘 알려주는 멘토가 내게도 필요했었다. 그냥 SNS를 하겠다며 인스타그램과 블로그 그리고 페이스북에 사진과 글로 나름의 브랜딩을 한다고 생각했다. 어떻게 내가 가고 싶은 목표가 무엇인지 모르고 달리는 말처럼 온라인 마케팅을 배운답시고 결제를 하고 저녁마다 줌 강의를 알아듣지 못해도 듣게 되었던 거 같다. 그 와중에 베이킹 강의는 수업료와 상관없이 많이 다니게 되었다. 몸이 바쁘고 마음은 점점 피폐해져 갔다 .

　알지 못하는 내 마음속에 번아웃이 오기 시작하였다. 표정도 굳고 몸이

피곤함을 많이 느끼게 되었다. 좀 더 달라지지 않으면 안 되겠다는 위기감에 빠지게 되었다. 자동차 사고가 몇 번 나며 나름의 새로운 달라짐이 있어야 했고 준비해야 할 것 같았다.

또 다른 목표가 생기다

베이킹 일이 더 힘들게 느껴지던 차에 새로운 일을 의뢰받았다. 그동안의 베이킹 강의가 아닌 일이었다. 대구에서 알아주는 반야월 연근과자의 연근을 이용한 메뉴 개발 컨설팅 의뢰가 왔다. 관광재단에서 시행하는 관광 히어로 정부 지원사업에 비건 쿠키를 3종 개발하는 레시피를 의뢰받아 컨설팅을 하게 되는 일을 하게 되었다. 그 쿠키들은 특허 신청을 의뢰하셨다고 한다.

그때 정부 지원 사업으로 큰 금액을 받고 컨설팅과 레시피를 짜 주는 일은 처음 있는 일이었고 그동안 몰랐던 컨설턴트라는 직업에 대해 알게 되었다. 그동안 나의 가치를 높여줄 그 어떤 일들을 꿈꾸고 있었는데 똑같은 베이킹 강의라도 가치가 달라지는 일이 있다는 사실이 나를 흥분시켰다. 제대로 인정받는 컨설턴트로 베이킹 강의를 한 단계 더 업그레이드해서 내가 해오고 배우고 실행하였던 공부들이 더 빛나고 싶어졌다.

나이가 한 살씩 더 먹어감에 따른 노화와 주변에 같은 나이의 친구들을 보면서 주변을 의식하게 되었다. 자존감이 바닥 치지 않고 싶다는 간절함이 공부를 좀 더 내세울수 있는 학벌로 나아가야겠단 생각이 들었다. 그리고 막연한 노후에 어디라도 몸을 의탁할 수 있는 직업이 있었으면 좋겠다는 생각에 대학원 2년 생활을 결정하게 되었다. 그렇게 2022년 나는 외식산업대학원에 입학하게 되었다.

　대학원 생활은 역시나 만만하지 않았다. 과제도 머리 아프지만 컴퓨터도 잘 못하는 내게는 파워포인트도 쉽지 않았다. 디자인적인 과제는 꿈도 못 꾸게 글만 가득한 과제를 겨우 해내는 수준이었다. 스위츠 테이블 공방을 꾸려 가야 했기에 외부강의는 닥치는 대로 하고 있는 상태가 아니라 해내고 있었다. 먼 지역이라도 마다하지 않고 내달렸다. 2022년은 대학원과 내가 개발한 소스의 특허 신청도 하고 다양한 브랜딩 방법들도 배우고 컨설턴트에 대한 정보들로 채워 나갔었다.

　올해 2023년은 관광 두레 컨설턴트에까지 도전하여 컨설턴트가 되었다. 컨설턴트라는 이름을 얻게 되는 첫 시작을 하나 이룬 것이다. 한 가지 더 이룬 것은 2022년 하반기에 신청한 특허 신청까지 등록되게 되었다. 석사 이제 3학차에 들어서면서 겸임교수 자리까지 들어오게 되고 백화점 문화센터 강의도 해달라고 의뢰받았지만 남은 한 학차만 마치고 또 다른 컨설턴트에 도전해 보고 대학 강의도 나가 볼 생각이다.

　컨설턴트도 결국엔 누군가를 도와주고 가르쳐 주는 강사의 몫이다. 나는 뼛속 깊이 누군가를 도와주고 잘 되게 응원하는 강사와 멘토가 되고 싶은 사람이었다. 그래서 공부를 더 깊이 더 많이 하고 있다.

　최근에는 가조의 딸기농장 대표의 컨설팅을 의뢰받아 컨설팅 해드렸다. 딸기를 생과와 딸기청, 딸기쨈으로만 판매할 수밖에 없어서 버려지는 딸기들이 많다고 하신다. 어떻게 금전적인 것으로 바꿀 수 있을까를 고민하시다가 우연히 나를 소개받으신 거다.

　가조 대표는 딸기 디저트들을 배움 해 가셔서 거창 플리마켓과 구미쪽 플리마켓에 나가셔서 호응도가 높았다. 가조에 청년들을 위한 시장쪽에 작은 가게도 얻게 되셨다. 딸기 디저트와 가공품들을 팔아 가조를 관광지로 알려서 다른 가조 딸기 농장들도 참여할 수 있게 더 큰 꿈을 나와 만나면서 꾸게 되셨다고 하신다.

　가조 대표는 서울 분이셨다. 귀농으로 딸기 농사를 선택해서 경남 가조에 터를 잡으셨다 하신다. 반대로 대구에서 살고 있지만 사실 나 같은 경우는 성주에서 살았던 성주 촌뜨기이다. 직장을 다니고 결혼해서 아직까지 대구에서 살고는 있지만 시골스러운 입맛과 시골스러운 감성을 많이 가지고 있는 성주 사람이다. 성주는 참외가 알려져 있다 실제로 성주 참외 빵이라는 젊은 사람들의 아이디어로 태어난 디저트가 잘 팔리고 있다.

　베이킹을 하면서도 고향 참외를 가지고 디저트 할 생각은 못 해 보았었다. 메뉴 개발 컨설팅은 실제로 농사짓는 대표자들에게는 농작물을 파는 것에 그치지 않고 6차 가공까지 해서 수출까지 할 수 있게 도와드린다면 우리나라 농사짓는 대표자들이 좀 더 수월하게 농사짓는 세상이 오지 않을까 싶다. 그 속에 나 같이 디저트나 다른 메뉴 개발을 도와드린다면 농사꾼들이 다 같이 부를 이루는 데 도움이 될 것 같다는 내 생각이 앞서 나가게 된다.

　현재 금화규 농사짓는 대표자의 의뢰받은 떡 메뉴 컨설팅과 영지버섯 농가의 대표의 디저트 컨설팅을 받아 둔 상태이다. 베이킹 강의를 좀 더 고

차원적으로 이끌어 내기 위한 연구들을 많이 해보고 싶다. 컨설턴트와 강의는 어찌 보면 비슷한 영역으로 볼 수도 있다. 강의자는 컨설팅을 할 수 있어야 하고 컨설턴트는 강의를 할 수 있어야 한다. 강사에서 컨설턴트를 꿈꾸게 된 것도 누군가에게 도움이 되고 싶다는 생각에서 출발하게 되었기에 꿈이 달라진 게 아니라 커졌다 하겠다.

 베이킹 강사가 되려면

요즘 베이커리 카페가 성행하면서 대형 베이커리 카페도 늘어나고 있다. 작은 카페들도 음료 형태와 객단가를 높일 수 있는 디저트나 빵에 힘을 쏟고 있다. 카페에서 일할 수 있는 직원들도 점차 많이 필요하다 보니 대학이나 학원에서도 제과, 제빵 과목이 인기가 있다 한다. 대학교 학과 이름도 제과,제빵이라는 단어가 들어가야 학생 모집이 쉽다고 한다.

코로나 시대에 가장 핫플이 된 곳들도 주로 빵이 있는 곳들이었다. 파주에 드렁큰타이거나 말똥 도넛과 노티드 도넛 같은 유명세 빵을 파는 장소들에 사람들이 몰려간다고 한다. 이렇게 우리나라가 빵과 과자를 사랑했었나 싶을 정도이다. 클래스 101나 온라인 클래스에도 빵과 디저트 강의가 인기가 있다고 한다.

빵과 디저트 강의가 인기가 있으니 비대면 세상이 끝난 이 시점에 베이킹을 오프라인으로 배우고 싶어 하신다. 베이킹 일을 해보고 싶어 하시는 분들도 많으신 것 같다. 베이킹 강사가 되려면 어떤 자격이 있으면 되고 어떠한 방법으로 되어야 하는지 이제부터 하나씩 이 책에 남겨 놓으려 한다.

먼저 베이킹 강사가 되려면 베이킹에 관심을 가지는 게 가장 먼저일 것이다. 관심이 있고 호기심을 가져야 꾸준함도 가져지기 때문이다. 생각보다 베이킹은 만만하지 않다고 얘기하고 싶다. 도구들도 나름 갖혀야 하고 어느 정도의 힘도 있어야 하고 꾸준함과 미학적인 부분도 필요하다.

집에서 혼자서 만족하는 홈베이킹만 할 게 아니라면 더더욱이 그렇다. 우리는 가끔 인스타그램 같은 SNS에서 취미로 동영상이나 사진을 올리다가 전문가까지 가는 사람들을 볼 수 있다. 그 사람들도 처음에는 좋아하고 재미있어하다가 전문가의 길까지 가게 된 것이다.

베이킹 강사가 되기 위해서는 베이킹을 배워야 하는 건 당연한 일이다. 가까운 전문기관에서 배움을 시작하는 게 사실 제일 추천하고 싶다. 베이킹은 나름의 과학적인 일이라고 하고 싶다.

환경에 따라 달라지는 상태나 어떤 시점에서 어떤 작업을 해야 하는가 하나하나 과학적인 방법을 따르기 때문이다. 기초부터 탄탄하게 하는 게 오래 이일을 할 수 있다. 실무적이나 이론적으로 알게 되면 가르치게 되는 입장에서 수강생들에게 올바르게 알려 줄 수도 있고 강사 본인도 실수하지 않게 하기 때문이다.

베이킹에는 제빵과 제과로 나뉘게 된다. 제빵은 말 그대로 빵을 의미한다. 외국에서는 제빵 하는 사람을 브랑제리하고 부르고 제과 즉 케이크나 쿠키 등을 굽는 이를 파티시에라 부른다.

우리나라에서는 프랜차이즈 베이커리가 성행하다 보니 그런 의미보다 모두 통합된 개념들을 가지고 있는 게 일반적이다. 빵에 내가 좀 더 관심이 있다면 제빵 전문 강사가 되는 것도 괜찮고 발효 시간이나 무거운 빵 반죽 보다 미학적이고 창의력을 좀 더 요하는 달콤한 제과에 관심이 많다면 제과 강사 또는 디저트 강사를 추천드린다.

베이킹 공방을 운영해 보고 싶은 분들에게

2017년 9월 25일 내공방 스위츠 테이블의 영업시작 날이다. 내 생일보다 더 뜻깊게 생각 되어지는 가장 잘 한일이고 내가 목표한 것을 한 번 해보겠다는 포부를 실현 시킨 날이기도 하다. 베이킹 공방을 운영해 보고 싶으신 분들이 있을 것 같아 내가 몸소 체험한 공방 시작기를 알려 드리고 싶다.

우선은 내가 운영해 보고 싶은 공방에 적정 크기나 내 주머니 사정도 고려 하여서 공방을 시작하는 게 좋을듯하다. 시작에 결코 대출이나 딱 맞는 타이트한 금전으로 시작은 권하고 싶지 않다. 나 또한 생각지 못한 인테리어 비용을 들여했다. 바쁘다고 인테리어 업자의 말만 듣고 바닥 타일을 베이킹 공방에 해서는 안 되는 걸로 하게 되었다.

인테리어 자재만큼은 꼭 눈으로 확인하고 승낙 후 진행 해야 한다. 특히 바닥과 벽면은 요리하는 사람에게는 잘 골라야 하는 조건이다. 벽면에 튀거나 바닥에 물이나 기름에 강해야 하며 나중에 사업자를 제조업으로 바꾸게 될 수도 있기 때문에 미리 잘 알아보고 하라고 하고 싶다.

베이킹은 온도나 습도에도 민감하다. 층고가 높은 곳을 추천하고 싶다. 내 공방에 천장이 높은 줄 알고 시스템 35평 에어컨부터 덜컥 계약해서 낮은 층고에 망연자실했고 아직도 속상한 부분이기도 하다. 무스케이크를 수업하고 싶은 마음에 비싼 에어컨을 사들이고 나는 많이 속상한 일들이 많았기 때문이다. 그리고 뜨거운 물을 언제나 바로 사용할 수 있는 수도 시설이 자리 잡아야 한다. 그것도 2군데는 되어야 한다. 수강생이 4명 이상이 될 때 설거지가 많이 나오기 때문이다.

베이킹 공방을 운영하는데 기본 4명 정도의 수업은 한다고 생각했을 때 테이블도 수강생 수의 곱을 생각해서 넓이만큼 만들어야 한다. 수강생 간의 옆의 공간이 최소 팔이 걸리 적 거리지 않는 30센티 넓이로 자리 잡아야 한다.

어떤 강사는 미리 재료를 다 개량을 해두기도 하구 어떤 분들은 재료 개량부터 알려주고 직접 수강생이 저울 사용하게 가르치시는 분도 계신다. 나 같은 경우는 업소용이나 개인수업에는 직접 저울 사용을 가르치고 취미나 가볍게 경험 삼아 배우시는 분들에게는 베이킹이 재미지는 흥미로 느끼게 미리 개량을 해두는 편이다. 이건 강사마다 스킬이 다르게 할 부분일 것이다.

기본적인 베이킹 도구로서는 오븐이 필수로 있어야 할 것이다. 좋은 베이킹은 좋은 도구에서 나온다고 해도 과언이 아니다. 핸드믹서기나 기계 믹싱기가 있고 저울과 믹싱, 스테인리스 볼, 그릇들, 거품기, 알뜰 주걱 그리고 각종 베이킹틀과 베이킹을 할 밀가루 종류와 설탕, 버터, 소금 등 만들 재료들은 그때그때 준비해도 된다.

구하기 힘든 재료들도 간간이 있겠지만 유통기한이나 인증된 첨가물 그리고 색소들도 확인하고 구입해야 한다. 예를 들어 한동안 마카롱 색소로 프랑스 모라 색소가 국내에 반입되지 못하게 되었던 적도 있었다. 국내 반입신고 허가증을 받지 못해서였다.

베이킹은 위생적으로도 안전해야 하기 때문에 1년에 한번 위생교육을 받아야 하고 위생 확인증도 받아야 한다. 제일 먼저 공방 자리를 알아보고 상가 인증이 된 곳인지 확인하라고 얘기하고 싶다. 공방 위치한 곳에 보건소에 가서 공방 가능한지 문의 후 사업자를 내라고 하고 싶다.

세무서에 가서 사업자를 낼 때는 교육 서비스만 할 것인지 가끔 판매도 하겠다면 즉석제조나 소매업도 같이 신청하기를 바란다. 대신 교육 서비스만 할 때는 내 집에서도 사업자가 등록 가능하다. 판매를 같이 하겠다면 상가 1층에 주소하는 곳에 사업자를 내어야 한다. 그리고 공간이 교육 서비스와 판매 가능한 공간이 분리되어 있어야 한다.

베이킹 강사의 영역은 어디까지

코로나 때 대면교육이 금지되다 보니 많은 강사분들의 자리가 존폐 위기였다. 그때 나의 경우는 외부강의라는 다른 방법의 수업들이 많았지만 백화점이나 문화센터 강사님들은 수입이 거의 없었다고 한다. 그래서 다른 직업으로 이직이 많기도 했었다. 그때 나는 온라인으로라도 판매를 해보겠다며 통신판매업 신고를 해두었었다. 이제는 다른 강사들도 많이들 통신판매업 신고하시는 듯하다.

비대면이 끝난 이 시점에도 여러 강사분들이 온라인을 모르고는 안되는 세상인 거 같다. 물건을 팔기 위해 통신판매업을 신고하고 스마트 스토어를 개설하는 분들도 계시지만 강의를 스마트 스토어에 내놓고 판매하여 또 다른 강의 시장을 개척하시는 분들도 많으시다.

그동안 바쁘다는 핑계와 컴퓨터를 잘 못 다룬다는 생각에 시도도 해보지 않고 어영부영 보낸 나도 있지만 온라인 세상으로 눈도 돌리지 않거나 아예 모르시는 분들도 꽤나 계신 걸 보면 늦지 않은 걸 수도 있을 것이다.

베이킹을 배워서 취미로 할 수도 있지만 디저트 카페 또는 베이커리 카페 운영도 가능하며 순수 베이커리만 운영을 할 수도 있다. 특별한 몇 가지 빵만 파는 1인 베이커리부터 여러 직원을 거느린 베이커리나 디저트가게 운영을 할 수도 있다. 베이킹 강사 중 개인 공간에서만 강의를 하시는 분부터 여러 외부형태의 강의중 백화점이나 마트 문화센터 강의도 할 수가 있다. 그리고 업장이 5년 이상일 때 베이킹으로 컨설팅한 영역이 인증받을 수 있는 곳에 4~5건 이상일 때 컨설턴트로 활동도 가능하다.

베이킹을 배우다가 강의에서 컨설턴트까지 나아가 공부가 좀 되었다면 전문대학의 겸임교수부터 나아가 전임교수까지도 생각해 볼 수도 있다. 베이킹으로 현재 인스타그램에서 동영상을 올리고 연결해서 유튜브까지 하시는 인플루언서들도 많이 활동 중에 있다. 어떤 이는 전문가가 아니었지만 베이킹 동영상을 찍어 여러 팔로워들이 생겨서 베이커리 창업과 책까지 내신 분도 계신 걸 보면 베이킹은 무한대의 직업을 나뉘게 하는 재미있는 영역인거 같다.

베이킹이라 불리는 제과 제빵의 현황

　서구화된 생활과 식습관으로 쌀 소비량은 감소하는 반면, 빵 소비량은 지속적으로 늘고 있다. 맞벌이 가정이 늘면서 식사 대용으로 빵으로 대체하는 사람들이 늘고 있는 추세로 갓 구워낸 빵을 공장 빵보다 더 선호하는 고객들이 늘어나면서 대형마트나 백화점, 카페에까지 지역 곳곳에 다양한 형태의 베이커리들이 생겨나고 있다.

　제과점업 형태의 다양한 전문점들이 케이크 전문점, 샌드위치 전문점, 도넛 전문점, 파이 전문점처럼 특화된 제과점업들이 생겨나고 있고 각계의 재미있거나 독특한 스토리를 가지고 업장 영업을 하기도 하고 있다. 예전에는 대기업 프랜차이즈점 제과점과의 경쟁 과열로 동네 빵집이 줄어들었던 시기도 있었지만 갈수록 중소기업 적합업종으로 지정된 후 점차 다양한 형태의 동네 빵집으로 늘어나고 있다.
　제과제빵 종사자가 늘어난 것에 더더욱 활성화를 부추긴 것에는 단연 커피라고 말할 수 있겠다. 우리나라 사람들이 커피 재배지가 아니지만 커피를 사랑하는 사람들이 늘어남에 따라 커피 종사자들도 많이 생겨났지만 홈 카페족들이 늘어남에 디저트가 함께 하는 인증 사진들로 자랑하는 sns가 핫해지면서 빵순이, 빵돌이라고 인증하는 것을 오히려 자랑하는 문화 트렌드도 한몫하는 것이리라.

　얼마 전 케이블 티브이에 빵카로드라는 방송 프로그램이 시즌 1,2로 있을 정도이다. 연예인 노홍철 씨가 빵집을 열어 핫플이 되기도 하는 소식도 있었다. 네이버 연예 뉴스에 정보석씨가 아들과 빵집을 만든 게 이슈였기도 했다. 건강에 좋은 빵을 만들기 위한 사명감이 그 부자에게 빵집을 열게 만들었다는 기사를 보았다.

코로나 때도 빵을 배달로 사 먹는 문화도 생겨 났다. 배달로 프랜차이즈 빵을 사먹었을때는 할인의 폭도 많다고 한다. 지인에게 현금으로 빵 가게를 들렀을 때보다 요기요나 배민을 이용하는 게 더 낫다고 말이다. 배달 앱으로 빵집 또는 브런치 예약도 많이 하기에 제과제빵 종사자가 늘어나는 건 개인적인 입장에서 좋은 현상인 거 같다.

현재 곳곳에 베이커리 카페가 생겨나면서 더 높은 퀄리티를 위해 브런치를 추가로 하는 곳들이 많이 생겨났다. 주차장이 넓고 층수가 많은 베이커리 카페가 인기가 많다. 트렌드로 자리 잡을 정도이다. 브런치 메뉴를 배움 하시는 분들도 많으시다. 브런치는 모임의 꽃이고 소통의 장으로 오전 10시부터 가게로 오게 만드는 가게 활성에 필요 재가 되고 있는 거 같다. 좀 핫하다는 곳에는 브런치 메뉴들도 화려하고 여러 종류들이 갖춰져 있다. 남녀노소 가리지 않고 브런치를 한다고 한다.

SNS에 각광받는 동영상에는 춤을 추는 영상들도 인기가 있지만 요리 동영상이 가장 인기가 있다. 그 속에 베이킹 영상을 올리는 인플루언서들 중 베이킹 전문가분들도 간혹 있다. 하지만 취미로 베이킹을 배움 하다 홈베이킹이라는 제목으로도 좋아요 와 팔로워 수가 많은 것들을 볼 수 있다. 맛있는 것에 호기심을 가지는 것도 있지만 만드는 동영상에 쉽게 접근할 수 있겠다는 생각을 주기에 더더욱 인기가 있는 거 같다. 빵과 디저트는 이제 트렌드가 되었다.

베이킹으로 온라인 강사되기

베이킹으로 오프라인 강의를 오랫동안 업으로 해왔지만 그동안 코로나라는 다 함께 힘든 시기가 찾아 왔다. 나같은 음식관련 강사에게는 최악의 시기라고 할 수 있었다. 일반적인 강사들에게도 가장 큰 변화였겠지만 두말 할것없이 요리와 베이킹은 더 힘들게 버티는 시기였다.

비대면 할 수밖에 없는 시기를 인정하지 않고 새로운 기술을 접목하지 않으면 안되는 시간들을 보냈다. 빠른 적용이 필요했다. 새로운 시대에 도전하는 용기가 필요하였다. 코로나에 모든 오프라인 수업들이 힘들어 지면서 당연히 온라인 시장으로 강의들이 점차 선호하는 수강생들이 생기고 늘고 있었다.

코로나에 대면이 어려워지니 경제 상황이나 사람들의 일자리가 불안해지며 n 잡러, 디지털 노마드라는 용어들이 생기기 시작했다. 너도 나도 불안 심리로 기존의 일자리 플러스 다른 종류의 수익구조에 관심들이 많아지기 시작한 것이다. 그때의 나 역시 그러했다.

서서히 생겨나고 있는 온라인 클래스에 관심이 생기고 유튜브 채널에도 관심을 가졌다. 유튜브가 그나마 처음 시작하기 쉬울 것 같아 키네마스터를 배우러 다니기도 했다. 무조건 막 어떤 콘텐츠보다 내가 하는 일의 대충이라도 올리면 그게 유튜브가 잘 될 것이라는 착각에 빠지게 되었다. 생각보다 얼굴을 공개한다는 일은 쉬운 일이 아니었다.

유튜브가 현재는 짧은 숏폼 형태로 올라가도 구독수가 많이 오르지만 초창기에는 동영상 편집을 배우는 것도 쉽지 않았다. 편집이란 전문가의 영역이고 일반인 중에서도 진짜 아무것도 모르는 40 넘은 여자가 끄적이기가 여간 힘든 게 아니었다.

마냥 전문적인 혁신적인 도움 될만한 이가 생기기만 바란 적도 있었다. 그러다가 대구 평생 학습 진흥원에서 베이킹으로 유튜브 형태를 찍어 인터뷰처럼 베이킹하는 모습을 찍어 가겠다는 전화를 받게 되었다. 무조건 영상을 찍어 준다면 감사하고 한편으로는 배워서 내 영상을 쭈욱 이어가고 싶은 마음도 있었다.

유튜브 동영상을 찍기 전 작가와의 인터뷰에서 잘 맞지 않는 부분들도 많았다. 콘셉트가 여러번 바뀌는 상황들도 생겨났다. 나중에 내게 일임된 작가의 퇴사로 다른 작가와 다른 콘셉트와 다른 베이킹 품목으로 교체되면서 좀 더 매끄럽게 진행이 흘러가게 되었다. 집에서 손 반죽으로 식빵을 만드는 영상을 찍기로 했다.

유튜브 영상을 찍으며 알게 된 새로운 내 안의 나를 발견하게 되었다. 영상을 찍는 내내 떨리지도 않고 따로 NG를 내지 않고 술술 베이킹 용어나 이론을 설명하며 직접 시연까지 자연스레 나왔다. 그리고 완성작을 응용하는 방법까지 시연으로 풀고 있는 내 모습을 발견하며 영상 체질인가 하며 혼자만의 생각에 빠져 보기도 했다.

카메라 드신 분도 NG 없이 너무 자연스레 잘 하신다는 칭찬을 하셨다. 응용한 두 가지 샌드위치를 싸드렸다. 샌드위치 영상도 찍어 가셨는데 나중에 편집하실 때 너무 아까워서 수업으로만 푸시라고 완성 사진만 내보내기로 해 주셨다. 그때 영상을 찍은 계기가 되어 베이킹으로 온라인 강사를 준비하게 되었다. 나의 또 다른 달란트가 생겼다. 그리고 목표가 하나 더 추가 된 것이다. 조금씩 준비과정을 거쳐 곧 온라인으로 베이킹 클래스를 열려고 한다.

스위츠 테이블, 곽연호

베이킹 강사로서의 곽연호는 결국 어떠한 사람인가? 어떤 사명감을 가지고 이일을 하는가? 앞으로의 베이킹 강사로서 어떠할 것인가? 어떤 목표를 가지고 있는가? 이 글을 처음 시작하게 되면서 많이도 베이킹 강사로서의 곽연호를 생각하게 되었다. 바쁜 와중에 여러 가지를 하며 자신감이 하락하기도 했다. 과연 강사로서의 만족감은 어느 정도인가? 이 일을 잘 하고 있다고 생각하는지도 자신에게 자꾸 캐묻게 되었다.

베이킹으로 다른 사람들에게 행복감을 주는 사람이고 싶다는 단순한 사명감을 가지고 있다. 그래서 세상의 모든 달콤함을 알려주겠다는 생각으로 나의 공방 이름이 스위츠 테이블이다. 달콤한 모든 것들을 테이블에서 편안히 맛 볼수 있게 해주겠다는 생각으로 상표도 디자인도 직접 나의 아이디어로 탄생된 것이다.

스위츠 테이블은 이제 내 분신이며 나이기도 하다. 스위츠 테이블의 그래도 다른 커리큘럼이나 차별성을 얘기해 보려 한다. 일본 제법부터 프랑스 제법까지 다양한 레시피로 디저트 또는 베이킹 교육을 하며 전문적인 디저트 레시피 강의로 창업 반도 운영하며 전문가반을 체계적인 수업을 한다. 또 다른 베이킹 강사를 꿈꾸는 분들에게 베이킹 교육법과 효율적인 수익창출을 위한 노하우 전수를 하고 있다.

지난해 스위츠 테이블에서 배움 할 수 있는 민간자격증을 등록하게 되었다. 베이킹 협회가 아닌 개인이 민간자격증을 등록하는 곳은 잘 없기도 하고 등록하기도 까다롭고 어려워 다들 시도해 보지를 않는다고도 한다. 민간자격증의 이름은 디저트 베이커 2급 1급으로 등록되어 있다. 디저트 베이커 민간자격증에 간단히 설명을 덧붙이자면 2급은 간단한 내용의 10가지 제과제빵으로 구성되어 있다.

1급은 15가지로 제과제빵으로 구성지었다. 자격증 따는데 너무 많은 금전이나 어려움이 없게 재미있게 기초와 기본과정으로 구성되어 있다. 문화센터나 평생교육원에서 배움하고 자격증까지 발급받음 뿌듯할 거 같은 사람들을 겨냥하여 스위츠 테이블만의 민간자격증 과정을 만든 것이다. 곧 수업으로 풀 예정이다.

방과후 수업이나 진로적성 체험수업으로 강사를 나가고 싶으신 분들에게 자리를 소개해 주는 일들도 하고 있다. 물론 금전적인 걸 받고 소개하는 그런 일은 절대 없다. 우선 베이킹 강의가 가능한 분들과 자리에 목마름이 있으신 분에게 업체나 기관과의 연결점을 드리는 일도 스위츠 테이블에서 하고 있다.

앞으로는 강의하는 사람들의 수가 점차 늘어날 것이라 하고 현재도 늘어가고 있다. 대면뿐만이 아니라 비대면 강의들도 늘고 있으며 그런 교육 콘텐츠를 발굴해서 서비스하는 업체들이 계속 생겨나고 있다. 코로나로 비대면 교육을 원하는 먼 거리 수강생들이 더 많이 생기고 무료뿐만이 아니라 유료 교육을 원하고 있다.

스위츠 테이블을 좀 더 다르게 운영하기 위해 콜라보도 현재 진행 중에 있다. 몇 년 전부터 꽃으로 하는 케이크 수업을 원하고 계셔서 5월 플라워 강사분과 생화 케이크 수업도 진행 중이며, 6월은 커피 교수님이시면서 커피 학원대표님과 HIVE 사업의 일부분인 홍성 로컬 상품들과 디저트 콜라보를 맡기로 약속이 되어 있다. 디저트 컨설턴트로서 메뉴 개발을 하는 일들이 나에게는 또 다른 호기심을 해결하는 일이기도 하지만 또 다른 누군가를 도울 수 있다는 게 행복하다.

요즘 트렌드라는 단어가 많이 사용되고 있다. 독창성이나 저작권을 신경 쓰지 않고 남을 따라 할 수 있다고 여겨지는 것 곧 유행이다. 전에는 트렌드에 민감하고 싶지도 따라가고 싶지도 않았다. 현재는 트렌드에 그래도 어느 정도는 발을 담그는데 나만의 특수함은 있어야 한다고 생각하기 시작했다. 예를 들면 쌀베이킹이 관심받으면 쌀로 하는 레시피를 만들어 수업하고 도넛이 유행이면 냉동했다 먹어도 처음 맛인 도넛 반죽을 연구하게 되었다. 트렌드를 잘 따라가데 잘 활용하자라고 맘을 바꾼 것이다.

어떤 메뉴를 필요한 그 누군가를 위해 다양하게 맞춤해 주고 싶은 베이킹 강사가 되고 싶어졌다. 결국엔 상품성이 좋은 레시피만이 살아남기에 메뉴 개발을 끊임없이 하고 있다. 그래서 베이킹만 공부하는 것이 아니라 다양한 요리법이나 재료들도 숙지하고 많이 겪어 보려고 한다.

메뉴 개발은 창의력에서 나온다고 하지만 그 창의력은 꾸준하고 묵묵하게 나의 일들을 해나감에서 바탕이 된다고 감히 말하고 싶다. 베이킹 강사를 아직도 하고 있는 지금까지 왜 그만두고 싶지 않은 날이 없었겠는가 만은 다양한 이유와 일들이 내게는 참 많이도 있었다.

처음에는 너무 손에 적게 지어지는 강의료와 강의할 수 있는 자리가 내게 잘 오지 않는 시간들도 많았다. 함께 상생이라 생각했던 오랫동안 근무했던 제빵학원장의 불합리한 강사료도 견뎌냈다. 세금을 핑계로 경력을 사용하지 못하게 직원으로 올려주지 않는 그러한 조건들을 묵묵히 잘 지나왔다. 물론 지난 시간을 생각하면 좀 더 영악하지 않았던 것을 후회를 하기도 한다.

그 시간들을 충실히 내 역할은 강사이고 좋아하는 일을 하고 있으며 베이킹으로 다른 이들을 행복하게 해주고 싶다는 사명감이 내게 있었다. 경력으로 인정받을 수 없게 된 10여 년을 스위츠 테이블로 6년을 채우고 더 길게 나아가려고 하고 있다. 내년에는 다른 컨설턴트에 도전도 하려고 한다. 작년 2022년도에는 한국농수산식품유통공사에 글로벌 외식전문가 부분에서 우수상을 탔다. 최근에 서울 국제 푸드 앤 테이블웨어 박람회에선 디저트 부분에서 서울시장 대상도 타게 되었다.

꾸준히 스위츠 테이블과 베이킹 강사로서의 곽연호는 늘 새로운 마음으로 도전하고 공부하고 있다. 5년 뒤에는 스위츠 테이블은 어떠한 자리로 매김 해 있을까? 베이킹 강사로서의 곽연호는 어떻게 되어 있을까?

이 글을 적어 나가고 있는 현재에도 상상을 해 본다. 도태되어 머물러 있지만은 않을 거라는 것만은 확실하다. 여태껏 한 걸음씩 발걸음을 옮긴 나이기에... 이번 내 이야기를 해 볼 수 있는 기회를 주신 윤서아 코치께 감사드리고 이 글을 적어 보겠다고 용기 낸 자신에게도 스스로 등을 두드려 주고 싶다. 계속 나아가라고.. 잘하고 있다고 말이다.

최근 반가운 소식으로 석사를 마치지 않은 상태에서 대학에서 러브콜을 받았다. 가을 학기부터 호텔디저트 플레이팅 수업을 맡아 전문대학교에서 수업 의뢰에 응하기로 했다. 책을 쓰기로 한 일은 어쩌면 내 인생에서 한 발자국 더 나아가는 용기며 축복이라 생각한다.

김미정

인스타크리에이터2급, 온라인강사1급, 틱톡비즈니스전문가1급, 1인미디어창업지도사2급 자격을 취득하고 틱톡 강사로 활동중이다. 틱톡을 처음 접하는 초보자들을 위한 비기너 강사이다. 해리스쿨에서 틱톡 강사를 코칭하는 코치로 활동중이며, 1인 미디어시대에 숏폼을 쉽게 접하고 활용할 수 있도록 돕고 있다. 틱톡뿐아니라 인스타 릴스, 유튜브 쇼츠까지 영역을 확대하여 숏폼 강사로서의 활동 분야를 넓혀가고 있다.

2023 중소벤처기업부 1인기업온라인강사 1급
2023 해리스쿨 틱톡비기너 3기 강사 겸 코치
2023 틱톡 라이브커머스 활동(티몬)
2023 재노스쿨 틱톡,쇼츠,릴스 트리플챌린지 리더 활동
2023 해리스쿨 틱톡비기너과정 강사 활동
2022 틱톡 라이브방송 250회이상 운영 중

퇴근 후

온라인강사로
변신한 홍대리

Part 5

일만 하던 직장인이
숏폼강사를 선택한 진짜 이유

CONTENTS

15초의 마법! 틱톡의 매력에 빠지다

호기심이 부른 틱톡 강사의 꿈

왜 숏폼이어야 하는가?

돈이 없어도 미래를 준비할 수 있는 강사가 되자

비기너 강사로 비로소 강사의 문을 열다

온라인 강사로 매일 성장하는 비법

15초의 마법! 틱톡의 매력에 빠지다

2022년 겨울, 내 인생에 아주 힘든 시기였다. 인스타 피드는 여느 때와 다름없이 자가 인증사진으로 도배되고 있었다. 그러다 우연히 김미경 대학(MKYU)의 입학공고를 보게 되었다. 디지털 튜터 자격증과정 수강생을 모집한다는 글이었다.

그 순간 배움에 대해 잠재되어 있던 욕망이 꿈틀거리기 시작했다. 무엇인가 새로운 변화가 필요한 나를 위한 도전이자 선물이었다. 매일 5시에 일어나는 기상 임무가 14일 동안 진행되는 514 챌린지에 참여하여 매일 김미경 학장 강의에 울고 웃는 하루를 보내고 있었다.

김미경 대학(MKYU)에서 뭔가 배움의 갈증을 해소할 것 같았다. 수많은 수업 중 인스타를 좀 더 자세하게 배울 수 있는 강의가 눈에 띄었다. 이 수업을 통해 MKYU 학생들끼리 맞팔로 팔로워를 늘리는 프로젝트에 참여하게 되었다. 수많은 인친들 중에 인스타그램과 틱톡 강의를 함께 한다는 공고문에서 틱톡커로 유명한 해리를 알게 되었다. 수업을 신청하고 틱톡 강의를 처음 접하면서 나의 틱톡 입문은 시작되었다.

SNS로 영향력자들이 돈도 벌고 유명해졌다는 이야기는 익히 들어 알고 있었다. 나에게 SNS는 인스타뿐이었다. 네트워크 사업으로 N잡러를 꿈꾸던 시기였다. 인스타 계정이 성장하지 않았고 그러던 중 15초의 마법을 일으키는 틱톡을 알게 되었다. 틱톡 자체의 필터는 나를 20대 여신으로 만들어 주었다. 이제 짧은 영상의 시대구나! 다른 사람들보다 늦게 시작했지만, 틱톡커로 성장하기로 결심했다.

틱톡 수강생들이 모인 커뮤니티 해리컴티를 알게 되었다. 틱톡 수강생으로 입문하며 나를 성장시킬 수 있는 공간이 되었다. 틱톡은 단순히 몸매 이쁜 친구들이 나와서 자랑하는 그런 채널이 아니었다. 나의 편견이 무너지는 순간이었다. 틱톡에서 소비되는 콘텐츠는 다양한 세상의 시선을 담고 있었다.

틱톡은 바쁜 현대인에게 안성맞춤 플랫폼이었다. 바쁜 일상에 쫓겨 좋아하던 예능이나 드라마를 못 보고 시간에 쫓겨 살았다. 매일 아침 기상 후 S 통신사에서 제공하는 앱을 사용하여 라디오 뉴스를 들으며 하루를 시작했다. 바쁜 시간 핵심만 골라 알려주기 때문이었다. 틱톡에선 이보다 더 핵심을 뽑아서 뉴스를 보여주었다. 모르는 정보가 있을 땐 틱톡에서 검색했다. 뉴스, 사진, 댄스, 정보, 지식, 취미 등을 불문하고 다양한 콘텐츠가 담겨 있었다.

똑똑한 틱톡이었다. 여느 플랫폼들처럼 내가 시청한 영상을 바탕으로 나의 알고리즘을 알고 친절하게 제공해 주었다. 최신 뉴스, 최신 유행 음악, 유행 댄스, 유행 드라마 모두 틱톡으로 확인했다. 아주 친절한 틱톡과 매일 시작과 마무리를 함께 했다.

틱톡은 생동감이 넘치는 플랫폼이었다. 사용자들의 아이디어를 한층 뽐낼 수 있는 공간이었다. 숏폼의 원조답게 다양한 편집 기능을 활용할 수 있었다. 다른 짧은 영상들보다 다양한 기능을 제공하고 있었다. 민낯 상태에서도 라이브가 가능하고, 동영상 촬영 시에도 힘들게 메이크업하지 않아도 자신감이 생겼다. 너무 편하고 손이 자주 가게 되었다. 재미있는 게임, 이쁜 뷰티, 그린스크린, 유행 필터등을 자유롭게 오가며 틱톡에 빠져들었다.

25년간 한 직장에서 몸을 담고 똑같은 생활 방식에 힘들어하던 나에게 틱톡은 에너지가 되었다. 짧은 시간 15초로 간단하게 영상 제작이 가능함에 매력을 느꼈다. 출근 후 사무실, 퇴근 후 집, 카페 등 시간과 장소의 구속을 당하지 않고 아주 짧은 시간 자유롭게 영상을 올릴 수 있었다. 시간이 날 때마다 틈틈이 영상 촬영을 해 보았다. 특히 필터의 매력에 빠져 매일 틱톡을 찍는 일상이 되었다. 인스타는 올리지 않아도 틱톡은 매일 하는 나를 발견했다.

틱톡은 사용자들이 손쉽게 영상 촬영을 할 수 있게 도와주었다. 내가 선택한 필터에 맞춤형 음원까지 SET으로 제공해 주었었다. 버튼 하나만 클릭하면 음원과 영상을 동시에 촬영하고 영상을 올릴 수 있게 설정 되어 있었다. 15초만 투자하면 뚝딱 영상 하나가 만들어졌다. 신기하고 재미있었다.

모든 사용자가 틱톡을 즐겁게 활용할 수 있도록 설정되어 있었다. 틱톡 관련 궁금증은 플랫폼 속에 친절하게 모두 내재되어 있었다. 다른 사용자들이 올린 영상을 보며 쉽게 따라 할 수 있도록 이어 찍기, 듀엣으로 관심을 유도했다. 틱톡은 '나를 위한 모든 쓸모'라는 슬로건을 내세우고 있었다. 사용자들이 직접 영상을 만들어 크리에이트 활동을 할 수 있는 계기를 만들어 주는 플랫폼이었다.

틱톡은 흥미를 유발하고 나를 성장시키는 플랫폼이었었다. 창의력을 발휘시키고 누구든지 크리에이터가 될 기회를 제공해 주었다. 팔로워 수가 많지 않더라도 영상이 좋으면 바이럴을 시켜주고 나를 알려줬다. 유명한 인플루언서가 아니어도 누구라도 크리에이터로써의 활동을 할 수 있었다. 15초라는 짧은 영상에 정보를 담고 15초의 마법을 발휘하게 되었다. 이런 15초의 마법에 빠져 하루하루가 즐겁고 유익한 시간을 보내게 되었다.

 호기심이 부른 틱톡강사의 꿈

틱톡은 호기심 천국이었다. 다른 크리에이터들의 영상을 보며 따라 하거나 아이디를 찾고 있었다. 하지만 기본 필터만으로 1일3 틱톡을 하는 건 지루함을 함께 몰고 왔다. 처음 흥미를 갖던 나는 점점 다양한 콘텐츠나 아이디어를 연상하게 되었다. 영상을 더 다양하게 촬영하고 많은 기능을 사용해 보고 싶었다.

짧은 시간에 여러 장면이 바뀌는 영상, 비트에 맞춰 넘어가는 영상, 비트에 맞게 글자가 나오는 영상. 1인 2역을 하는 영상 등 많은 영상이 호기심을 자극했다. '이런 건 어떻게 찍지?' 또다시 나의 배움의 욕망이 꿈틀거리기 시작했다.

어느 순간 정체기에 빠졌다. 틱톡을 시작한 지 100일쯤 지나자, 틱톡 피드에서 자주 소통했던 친구들이 보이지 않았다. 이것이 말로만 듣던 침체의 늪인가? 나 또한 그러했다. 맞팔하며 좋아요 누르고 다니던 내가 한순간 의미 없어졌다. SNS에서 친구를 만들고 소통한다는 것에 너무 큰 의미를 부여했었나? 반감도 일었다. 콘텐츠의 성장 없이 단순히 친한 이웃들만 쫓아다니다 보니 한계를 느꼈다. 뭔가 새로움과 도전이 필요했다.

틱톡 비기너과정 오픈! 나에게는 단비와 같은 희소식이었다. 틱톡 콘텐츠에 대한 이해 없이 단순히 이웃들만 쫓아다니면서 활동해서는 안 된다는 판단이 들었다. 돈이 들더라도 제대로 배워야겠다는 생각이 들었다. 틱톡으로 수익화까지 가능하다는 공지글이 눈에 띄었다. 한 치의 망설임도 없이 신청했다. 틱톡으로 나를 브랜딩하고 나만의 색깔을 만들어 나가는 출발점에 선 것이다.

비기너 과정은 말 그대로 비기너들을 위한 과정이었다. 틱톡에 입문하고 좀 더 체계적으로 배워서 나를 바이럴하고 나의 콘텐츠를 제대로 활용하고 싶다면 필수로 배워야 할 과정이었다. 비기너 과정을 통해 틱톡을 더욱 구체적으로 알게 되었고 실질적으로 활용 할 수 있게 되었다. 기본적인 프로필 설정 방법, 편집 기능, 팔로워를 늘릴 방법 등을 구체적으로 알 수 있는 계기가 되었다. 프로필 설정이 매우 중요하다는 것은 비기너과정을 통해 깨닫게 되었다.

프로필은 나의 온라인상이 명함이었다. 모든 플랫폼이 그러하듯 프로필 설정이 아주 중요한 비중을 차지했다. 나의 핵심 키워드를 80바이트라는 짧은 글로 함축하여 나를 알리는 아주 중요한 역할을 했다. 프로필의 중요성을 파악한 후 유명 틱톡커들의 프로필을 벤치마킹하고 인스타와 틱톡의 내 프로필을 다시 수정하기를 반복했다. 비기너 과정을 배운 후 내가 강사가 된 지금도 틱톡에서 1번으로 중요한 곳은 프로필 설정이라고 강조하며 첫 커리큘럼으로 진행하고 있다.

'아는 만큼 보인다'라고 했던가!' "아~ 저는 지금까지 틱톡을 제대로 한 줄 알았는데 정확하게 모르고 있었네요." 내가 진행하던 비기너 과정 수업 중 수강생이 말했다. "그거 배우면 뭐가 달라요? 안 배워도 다 아는데." 내가 틱톡 강사를 준비한다고 했을 때 이렇게 물어보는 사용자들도 많았다. 그렇다 나도 비기너 과정을 배우기 전에는 영상을 찍고 올리고 글만 쓰면 된다고 생각했다.

틱톡을 돈을 주고 배우기까지 해야 할 내용인가 생각했었다. 편견이고 나의 오만이었다. 새로움의 연속이었다. 가장 필요한 보안부터 내 계정 바이럴 방법, 카테고리 하나, 아이콘 하나까지 체계적으로 배우고 이해하는 과정이었다. 비기너 과정과 같은 체계적인 교육을 받은 후 내가 틱톡을 활용하는 방법이나 패턴이 바뀌었다. 영상 하나를 올려도 어느 선까지 노출할지도 생각하고 올리게 되었다. 틱톡이 어떤 영상을 알고리즘으로 노출시키는지도 완벽하진 않지만 알 수 있는 계기가 되었다.

비기너과정을 통해 틱톡 강사가 되기로 결심했다! 처음 단순히 네트워크 사업 홍보를 위한 수단으로 시작한 틱톡이 또 다른 꿈을 안겨 주었다. 틱톡은 앱을 깔고 영상만 올린다고 다 아는 것이 아니었다. 틱톡을 잘 알고 이것을 어떻게 나에게 맞게 잘 활용하는가가 중요했다. 단순히 다른 사람들의 영상만 시청하는 사용자는 가입 방법이나 영상 시청 방법만 알면 되었다. 하지만 나는 이번 기회에 강사의 꿈을 가졌고 이왕 하는 거 제대로 알고 해보고 싶었다.

틱톡을 단순 놀이터로 활용하는 분들도 많았다. 하지만 나는 놀이터만으로 활용하기엔 너무 유용한 플랫폼이란 생각이 들었다. 이왕 시간 투자

하며 사용하는 만큼의 성취감을 느끼고 싶었다. 틱톡을 통해 바이럴을 원하거나 크리에이터로써의 성장을 꿈꾸는 사람이라면 체계적인 교육이 필요하다는 생각이 들었다. 우연한 기회로 틱톡에서 아주 유명한 '짤컷'의 강의를 듣게 되었다. 사용자들에게 궁금해하는 부분을 해소해 주고 소통하는 계정이 성장 할 수있다고 했다.

'틱톡으로 다양한 정보를 제공해 준다? 소통한다?' 이해가 어려웠다. 유명 인플루언서들을 보면 정보를 제공해 주고 있었다. 이에 대한 공감대를 형성하거나 본인에게 유익한 것을 제공해 준 크리에이터를 사용자들은 관심을 가졌다. 이론적으론 알았지만 막상 내가 하기엔 어렵다는 생각이 들었다. '내가 아는 틱톡에 대한 지식을 나누면 될까?' 많은 생각이 들었다. '어떻게 알려줄까? 어떤 내용이 알고 싶을까?' 물음표를 던지는 날이 많아졌다.

튜토리얼을 해보자! 내가 처음 틱톡을 접했을 때 어땠을지를 생각해 보니 계정 생성부터 필터를 누르고 영상 촬영까지 시작이 어려웠던 생각이 들었다. 기능은 다양한데 활용법을 몰라 고민만 했던 기억이 생각났다. 이걸로 초보자들에게 알려주는 튜토리얼을 만들어 봐야겠다. 강사가 되려면 내가 아는 지식을 영상으로 나누는 것도 필요하다는 생각이 들었다.

강사가 되기 위해 '나는 이제부터 무엇을 해야 할까? 틱톡 강사에게 가장 필요한 것 무엇일까?' 많은 고민이 생겼다. 어디서부터 어떻게 시작해야 할지 막막하고 의욕만 앞서고 있었다. '나도 팔로워가 적은데 누굴 가르칠 수가 있을까? 이 정도의 수준으로는 인정받기가 힘들다'라는 생각이 들었다. 많은 고민 끝에 나를 더 성장시켜서 강사의 자질과 역량을 키워야겠다고 결심했다.

제일 먼저 틱톡 강사 관련 교육에 관심이 갔다. 함께 수강했던 수강생 중에 틱톡 강사로 활동하는 사람들이 하나둘씩 늘어났다. 아직 부족하다고 생각한 나는 1인미디어창업지도사라는 자격을 과정을 거쳐 자격을 취득했다. 틱톡 비즈니스전문가 1급에도 도전하여 틱톡 강사로서의 기본적인 역량과 마인드를 배워 취득했다.

온라인 강사 마스터 과정을 통해 온라인 강사의 기본적인 역량을 배웠다. 강의안 만들기, 강의 홍보하기, 수강생 모으기, 온라인 강사가 갖춰야 할 스킬이나 역량 등을 배울 수 있었다. 직장 생활을 퇴근 후 제2의 삶을 살며 나를 성장 시켰다.

틱톡 제대로 알고 활용하자! 모든 플랫폼이 그러하듯 틱톡도 가이드가 있었다. 가이드에 대한 개념 없이 막연히 영상을 촬영하고 올리기만 하면 된다고 생각했었다. 내가 틱톡을 하면서 가이드 위반할 일은 없다고 생각했다. 함께 활동하던 커뮤니티 멤버중 계정이 갑자기 차단되었다는 소식을 전했다. 이유가 궁금했다.

라이브 중 미성년이 라이브 한다는 접수가 되어 차단되었다고 했다. 또한 멤버는 방송 중 상대방의 닉네임이 전화번호인 줄 모르고 읽었다가 방송중단이 되었다고 했다. 이게 모두 가이드 위반으로 발생했던 일이었다.

기본을 알고 지키면 내 계정은 안전하단 생각을 했다. 그 누구도 가이드에 대해 하나씩 짚어주거나 주의 사항을 알려주지 않았다. 이를 위반하면 계정이 차단되거나 영구히 삭제될 수 있다고 생각하니 가이드가 궁금했다. 가이드를 숙지하고 틱톡 사용자들에게 주의사항을 알려주었다. 특히 라이브를 진행하는 상황이나 미성년자 관련된 부분에서는 더욱 조심해야 할 항목들이 많았다. 이런 부분도 누가 알려주면 좋겠다는 생각이 들었다.

초보자를 위한 강사가 되기로 결심했다. 호기심은 많으나 방법을 몰라 망설이는 사람, 궁금하지만 선뜻 물어보지 못하는 초보자의 맘을 누구보다 잘 알았다. 스스로 알아가기엔 많은 경험과 시간이 필요했다. 누군가의 도움으로 짧은 시간에 정확하게 알고 플랫폼을 잘 활용하면 좋겠다는 생각이 들었다. 그 일을 내가 해야겠다는 생각으로 강사의 꿈을 키워 보기로 했다.

틱톡을 시작으로 숏폼으로 확대하고 싶었다. 인스타 릴스, 유튜브 쇼츠까지 다양하게 활용해 보고 개인이나 기업이 이를 쉽게 잘 활용할 수 있는 도움을 주고 싶었다. 1인미디어시대 숏폼이 대세라고 하는데 이왕 하는거 제대로 알아서 많은 사람에게 알려주고 싶었다. 틱톡에 이어 인스타 릴스에 관한 관심이 확대 되었고 인스타에 대한 관심도 확대되어 릴스코치 유리쌤에게 릴스 수업을 듣게 되었다.

이 과정에서 자격증 과정에도 참여하고 AI를 활용한 인스타 과정도 배우게 되었다. 누군가를 가르친다는것은 설레지만 두렵기도 한 일이다. 나 스스로 준비 되지 않으면 결코 진정한 강사가 될 수 없다고 생각했다. 앞으로도 배움은 계속 이어질것이다.기회만 된다면 많은것을 배워 전해주고 싶다. 이렇게 하나씩 준비하며 숏폼 강사에 가까워지고 있단 생각에 너무 설레고 뿌듯했다.

 왜 숏폼이어야 하는가?

최근 숏폼에 관심이 몰리고 있다. 틱톡, 인스타그램 릴스, 유튜브 쇼츠의 숏폼을 배우려는 개인이나 기업이 늘어나고 있다. 숏폼에 대한 대중의 관심이 늘고 있다는 뜻이다. 숏폼의 원조는 틱톡이다. 영상 콘텐츠의 대장격인 유튜브의 아성을 뛰어 넘으며 전 세계 10대 사용자들을 폭발적으로 끌어들이고 있다. 유튜브가 쇼츠 수익화를 시작하게 된 계기를 만들어 주기도 했다. 영상 콘텐츠에 관심이 있는 이들이 모이고 있다. 이제 SNS는 우리 생활의 일부가 되어 버렸다.

숏폼은 세로로 된 짧은 영상을 말한다. 가로세로, 9대 16사이즈이다. 세로로 된 영상은 가로 영상보다 시청자들의 집중력을 높여준다. 가로로 된 영상을 보기 위해 휴대폰 방향을 바꿔야 하는 번거로움이 없다. 영상을 시청하면서 통화는 물론 채팅이나 다른 플랫폼 검색도 편하게 할 수 있다. 휴대폰 본연의 세로 모드를 그대로 유지할 수 있기 때문이다. 바쁜 현대인에겐 아주 적격인 플랫폼이다.

숏폼의 매력은 아주 다양하다. 시청자를 사용자로 유도할 수도 있고, 팬층을 만들 수도 있다. 내 팔로워들과 소통할 수 있는 공간이 될 수도 있다. 사용자들은 크리에이터의 영상을 보고 정보를 얻는다. 크리에이터가 주관하는 챌린지에 적극 참여하여 공감하며 함께 성장을 꿈꾸기도 한다. 혼자라면 힘든 과정이지만 챌린지를 통해 함께 공감하고 응원하면 흥미를 유발하여 의욕이 상충한다. 영상 제작에 어려움을 느끼더라도 숏폼의 간단한 기술만으로도 아주 좋은 홍보 영상을 만들 수도 있다. 이처럼 숏폼은 다양한 매력을 갖고 사용자들의 관심을 끌고 있다.

튜토리얼의 힘을 빌려 적극 활용해 보아라. 숏폼에 대한 관심도가 높아지면서 초보자들을 위한 숏폼 튜토리얼을 제공하는 영상이 유행처럼 퍼지고 있다. 내가 좋아하는 크리에이터의 영상을 즐겨찾기하고 활용할 수 있다. 누구라도 쉽게 따라 할 수 있다. 크리에이터들은 지식을 함께 공유하며 이를 통해 팬층을 확보할 수 있다. 초보자들은 본인의 수준에 맞는 제작 과정을 연습하고 따라 하며 영상 제작을 쉽게 할 수 있다.

숏폼이 아직 두렵다면 튜토리얼부터 따라 해 보길 추천한다. 최근 숏폼에 대한 관심도가 높아지면서 촬영 방법을 알려주는 튜토리얼이 많이 나오고 있다. 틱톡 사용자들의 이런 궁금증을 해소해 주기 위해 나 또한 튜토리얼 영상 제작을 겸하고 있다.

숏폼이 한국 시장에 자리 잡은 것은 그리 길지 않다. 2017년 11월 틱톡, 2021년 2월 릴스, 2021년 7월 쇼츠 순으로 숏폼이 알려지기 시작했다. 틱톡은 현재 15초~10분까지의 영상을 제공하고, 인스타그램 릴스는 15초~90초, 유튜브 쇼츠는 15초~60초까지 제공한다. 플랫폼별 다소 차이는 있지만 비슷한 양식과 촬영법을 가지고 있다.

틱톡은 숏폼의 선두 주자답게 기능이 다양하다. 플랫폼 속에 음악과 영상이 세트로 제공되는 콘텐츠가 있어 고민 없이 한 번의 클릭으로 영상을 제작할 수 있다. 초보자도 쉽게 촬영할 수 있도록 구성되었다. 숏폼은 편집기로 캡컷을 사용한다. 틱톡과 캡컷은 서로 연동이 가능하다. 틱톡 자체적으로도 편집기능이 다양하게 내재하여 있다. 캡컷으로 편집후 틱톡으로 바로 연동할 수 있게 되어 있다. 최근에는 인스타그램도 연동이 가능해졌다.

틱톡 라이브커머스 시대! 최근에는 티몬과 실시간 방송 판매 라이브커머스 시장을 활성화하기 위한 시도를 다양하게 하고 있다. 라이브 커머스 시장을 겨냥하고 있다면 틱톡은 필수로 활용해 보아라. 현재 티몬 라이브 커머스 크리에이터로 활동하는 사람이 늘고 있고 나 또한 티몬과 함께 라이브 커머스 활동하고있다. 이처럼 숏폼이 이커머스 시장과 손잡고 수익화나 마케팅을 위해 적극 활용되고 있다.

인스타그램 릴스는 틱톡보다 한걸음 늦게 시작했다. 하지만 한국에서는 틱톡보다 릴스 사용자가 많아 늦은 시작에도 불구하고 릴스 성장이 가속화되었다. 2022년에는 릴스를 활용한 영상을 상위 노출을 해 주고 릴스를 적극 활용하도록 유도했다. 짧은 시간 순식간에 빠르게 변하는 화면에 사람들이 매료되었다. 릴스를 배우고자 하는 사람들이 늘어났고 이를 위한 튜토리얼 제공 영상과 릴스 강사도 활발하게 성장하고 있다.

릴스는 틱톡처럼 단순 촬영이 아닌 편집이 많이 필요한 플랫폼이다. 릴스도 캡컷이라는 편집 어플을 거쳐 완성된 영상을 올린다. 짧은 시간에 시작부터 끝까지의 과정을 담아야 하기에 편집 과정을 거쳐 완성도를 높여야 한다. 숏폼은 시간 투자를 한 만큼 영상의 완성도가 높아지고 영상의 완성도에 따라 바이럴정도가 달라질 수있으니 필요시 적당한 시간 투자를 해야 한다.

쇼츠는 유튜버들의 홍보 채널이다. 기존 유튜버들의 영상이 후킹을 통해 구독자로 유입될 수 있게 활용된다. 본 영상을 시청하기 전 재편집된 짧은 영상을 보고 고정 채널로 유입하는 것이다. 유튜브는 쇼츠활성화를 위해 최근 〈유튜브 크리에이터〉을 개설해 이를 성장 시키기 위한 노력을 하고 있다. 세 가지 플랫폼 중 쇼츠는 아직 숏폼의 기능을 다양하게 담지는 못하고 있다. 숏폼에 대한 자세한 내용은 책 〈숏폼 콘텐츠 머타이제이션〉을 통해서도 알 수 있다.

숏폼과 친해져라. 틱톡, 인스타그램 릴스, 유튜브 쇼츠 세 가지 플랫폼의 특성은 조금씩 다르다. 하지만 숏폼이라는 공통점은 갖고 있다. 기능 면에서도 어려움이 전혀 없다. 15초의 짧은 영사에서 시작하여 최근 10분까지 확대되고 있다. 정보성을 다루는 영상이 많아지기 때문이다. 숏폼은 이제 탐색 기능의 역할로도 자리매김하고 있고 틱톡은 최근 맛집 소개나 정보성을 다루는 플랫폼의 활동을 적극 지원하고 있다.

초보라면 시작은 틱톡부터! 틱톡이 숏폼의 원조답게 아주 다양한 편집기능을 담고 있고 세 가지 플랫폼 중 가장 뛰어난 영상편집 기능을 소유하고 있다. 또한 저작권 제한이 릴스나 쇼츠에 비해 적어 다양한 음원을 사용할 수 있다. 틱톡은 영상편집 대표주자 캡컷과 연동되어 있다. 편집 기능 속에 캡컷의 일부 기능이 포함되어 있고 지금도 편집기능은 다양하게 업그레이드되고 있다.

세 가지의 플랫폼 중 한 가지라도 활용을 해본 사용자라면 세 가지 모두 쉽게 다룰 수 있을 만큼 비슷한 기능을 가지고 있다. 촬영, 편집, 업로드 기능이 비슷하다. 거부 반응 없이 세 가지를 모두 활용할 수 있어서 1

타 3피로 숏폼을 활용할 수 있다. 특히 정보성을 다루는 영상이라면 세 가지 플랫폼을 모두 활용해 보길 바란다. 플랫폼별 장점이 다르기에 한곳에서만 활동하기보다 모두 활용해 보길 바란다. 유명 인플루언서들은 틱톡, 릴스,쇼츠를 넘나들며 바이럴 활동을 확대하고 있다.

틱톡, 릴스, 쇼츠 세 가지 플랫폼은 비슷한 형식으로 구성되어 있다. 프로필, 촬영 모드, 촬영 방법, 편집 방법 각자 다른 색을 갖고 있지만 비슷한 형식으로 진행된다. 어렵지 않게 접근할 수 있고 세 가지 플랫폼을 자유롭게 넘나들며 사용해 볼 수 있다. 원소스멀티유저(OSMU) 하나의 소재를 다른 장르에 적용해 파급효과를 노리는 마케팅 전략인데 숏폼이 바로 그 대표적인 예라고 할 수 있다. 틱톡으로 릴스와 쇼츠에 동시에 활용이 가능하다.

트랜드를 읽으려면 숏폼을 해라. 숏폼은 최신 트렌드를 가장 먼저 접할 수 있는 곳이다. 유명 가수가 신곡이 나오면 홍보용으로 활용하고, 영화 맛보기 영상을 올리기도 하고, 드라마 홍보 영상으로 올리기도 한다. 틱톡, 릴스, 쇼츠에서는 최근 유행하는 드라마나 음악을 챌린지로 활용해 사용자들의 관심을 끌고 홍보하기도 한다. 이를 통해 영상이 확산하고 자연스럽게 바이럴이 된다.

왜 숏폼이어야 하는가? 이젠 이해했을 것이다. 이처럼 숏폼은 우리 생활에 자리 잡고 있다. 바쁜 현대인들은 짧은 시간에 많은 정보를 얻길 원한다. 재미를 함께 제공하고 지루함을 갖게 하면 안 된다. 숏폼은 영상 시청자들에게 흥미를 주고 호기심을 유발하여 내 콘텐츠로 유입시키는 역할을 한다. 곧 나를 성장 시키는 도구이다. 마케팅 광고, 정보성 제공, 아이디어 제공, 뉴스, 최신 트랜드등 모든 것을 담고 있는 숏폼이다. 이 시대를 살고있는 현대인이라면 이런 유용한 숏폼을 하루라도 빨리 접하고 활용해 보길 바란다.

이처럼 중요한 숏폼을 쉽게 다룰 수 있도록 나의 능력을 더 성장시키려고 한다. 틱톡 강사이지만 숏폼 강사를 꿈꾸고 있다. 나로 인해 비기너들이 쉽게 따라 할 수 있게 숏폼과 친해지고 즐길 수 있게 돕고자 한다.

돈이 없어도 미래를 준비할 수 있는 강사가 되자

새로움은 늘 나를 긴장 속에서 성장시켰다. 27년을 직장 생활을 했고 그 중에 25년을 현재 직장에서 몸을 담고 있다. 늘 회사와 집을 반복하며 일상을 거듭했다. 바쁜 일상에 쫓겨 내가 무엇을 좋아하고 무엇을 잘하는지 생각할 겨를조차 없이 살아왔다.

가정 형편상 대학을 나오지 못한 탓일까? 늘 배움에 대해 갈증이 느껴졌다. 경북 울진의 시골 출신으로 남아 선호 사상을 가진 옛날 어른들의 생각에 세뇌되었다. 여자는 대학을 안 가도 되고 시집만 잘 가면 된다고 생각했다. 대학은 돈 많은 집이나 자식이나 남자만 가는 곳인 줄 알았다. 여상을 나와 취업의 길에 오를 수밖에 없었다.

이런 어린 시절을 보낸 탓일까? 배움에 대한 욕망이 다른 이들보다 유난히 많았다. 새로운 걸 배우면 나도 모르게 에너지가 생기고 흥미를 느꼈다. 그래서일까 지금은 취미 부자가 되었다. 캔들을 취미 삼아 배우러 갔다가 자격증 수료 과정을 신청하고, 건강 관리를 위해 운동을 시작 후 트레이너의 꿈도 키우게 되었다 지금은 우연히 틱톡을 배우다가 강사의 꿈을 키워 관련 자격을 취득했다.

틱톡은 지루할 틈이 없었다. 금방 싫증을 느끼는 나에게 틱톡은 정말 안성맞춤이었다. 늘 새로운 챌린지가 나오고, 새로운 정보를 주고, 새로운 기능을 통해 나의 호기심을 자극했다. 유행하는 챌린지, 음악, 댄스, 필터, 이벤트 등 수시로 알려주고 관심을 끌고 참여를 유도했다. 이벤트 참여시엔 상품도 함께 지급되었다. 이렇게 호기심으로 참여하고 보상도 따르는 틱톡커 생활이 즐거웠다.

"팔로우는 어떻게 해야 늘 수 있어요?" 수강생이 질문을 했다. 이런 수강생들의 질문이 나를 성장시켰다. '팔로우를 늘리는 방법?' 이론적으로는 알지만 실천해 보고 알려주고 싶었다. 현재 내 계정은 콘텐츠가 명확하지 않아서 알고리즘을 잘 타지 않는다.

계정 성장에 대한 궁금증이 생겼다. 얼마 전 틱톡에서 유명한 '짤컷'의 강의를 수강한 적이 있다. 틱톡에서 중요한 것은 콘텐츠의 통일성과 사용자들과의 소통이 제일 중요하다고 했다. 틱톡뿐 아니라 모든 플랫폼이 콘텐츠와 사용자들과의 소통이 필요했다. 고민이 생겼다. 어떤 콘텐츠를 해야 할까?

콘텐츠가 곧 나의 자산이다. 교육받은 후 새로운 계정을 생성해 보았다. 틱톡이나 숏폼에 대한 튜토리얼 영상을 제작해 보았다. 이게 무슨 일인가! 1주일 만에 팔로워가 1,000명을 넘어섰다. 본 계정은 팔로워 2,000명이 되기까지 6개월 이상 걸렸는데 내 눈을 의심했다. 역시 콘텐츠의 일관성에 대해서 중요성을 깨닫는 실험이었다. 추가로 틱톡 스티커를 리뷰하는 계정도 만들어 보았다. 역시 1주일 만에 1,000명을 넘어섰다. 한가지 통일된 콘텐츠로 매일 꾸준히 1일1 피드씩 올린 결과였다. 꾸준함이 답이란 말이 생각났다.

계정 생성 후 1주~2주가 내 계정의 성장 곡선을 타는 시점이었다. 틱톡뿐 아니라 모든 플랫폼은 일관된 콘텐츠와 꾸준한 게시가 중요하다는 걸 알게 되었다. 이론은 쉬운데 막상 실천하려니 어려웠다. 현실은 나를 정체기로 몰고 갔다. 예상치 못한 아버지의 부고를 접했다.

1주일간 SNS는 할 수 없었다. 1주일 후 열어본 계정은 다시 멈춤 현상이 발생했다. 더 이상 팔로우는 늘지 않았고 게시물에 대한 반응도 식어갔다. 이후 매일 꾸준히 다시 1일 1 게시를 했지만 전과 같은 빠른 성장은 없었다. 꾸준함의 중요성을 깨닫게 된 계기였다.

'틱톡을 다 안다고 생각했는데 제가 제대로 모르고 있었네요' 강의 중 수강생이 말했다. 내가 원했던 반응이었다. 현재 틱톡을 하고는 있지만 지금 하는게 모두가 아니란 걸 알려주고싶었다. 이왕 하는거 제대로 알고 사용하도록 알려주는 것이 강사의 역할이라고 생각했다.

'이런 분들이 많았으면 좋겠다'라고 혼자서 생각했다. '그거 다 아는 건데 뭘 배워요'라고 생각하는 분들이 강의를 통해 더 다양한 지식을 얻고 틱톡을 제대로 활용하길 원했다. 강사를 꼭 해야겠다는 생각이 점점 강해졌다.

'강사라면서요 그것도 몰라요?' 라이브 진행 중 어느 시청자가 말했다. 전혀 사용하지 않았던 기능을 질문했다. 순간 너무 당황스럽고 부끄러웠다. 닉네임을 '틱톡_해바쌤'으로 하고 있기에 닉네임만 보고도 틱톡 관련으로 질의를 하는 분들이 방송 중에 자주 발생했다. 더 많이 사용하고 더 많은 정보를 알고 있어야겠다고 다짐했다.

이후 더 틱톡에 집중하게 되었고 질문을 받을 때마다 즐거웠다. 나를 찾아주는 분이 있어서 기뻤다. 하나라도 더 알려줄 수 있다는 생각에 튜토리얼 제작도 하게 되었다. 두려움이 밀려왔다. 틱톡을 알지만, 온라인 강사가 초보인 만큼 체계적이고 전문적인 교육을 받고 싶었다.

때마침 재노스쿨에서 '온라인 강사 마스터 과정 1기'를 모집한다는 공고를 접했다. 지금까지 온라인 강의 신청했던 비용 중에 큰 비용을 들여야 했다. '이 돈을 주고 굳이 이걸 배워야 할까? 배운다고 뭐가 달라지지? 매주 금요일마다 할 수있을까? 그래도 초보니까 한번 해볼까?' 많은 고민이 생겼다. 생각이 생각의 꼬리를 물고 나를 괴롭혔다.

눈으로만 지켜보고 고민만 하다가 모집 기간이 끝나 버렸다. 막상 신청을 못 했다고 생각하니 더 조바심이 생겼다. 마감했지만 접수는 가능한지? 조심스레 운영진에게 문의했다. 비용이 변경되긴 했으나 신청은 가능하다고 했다. '진작 할걸' 비용이 올랐다는 말에 잠시 든 생각이었다. 모든 수업은 1기 때 하는게 좋았다. 강사들도 1기는 심혈을 기울여 강의하고 작은 것하나도 더 챙겨주고 싶어지기 때문이다. 1기 수업 신청 완료 후 기대가 많이 되는 수업이었다.

강의는 투자하는 만큼 내 것이 되었다. 여느 강의와는 다른 강의였다. 온라인 강사가 되기 위한 모든 과정이 담겼다. 특히 초보 강사들을 위한 모든 준비 과정과 나를 홍보하는 방법, 교안 작성법, 수익화하는 방법 등 다양한 강의가 진행되었다. 수강료보다 더욱더 많은 것을 배웠다. 온라인에서 강사 활동을 할 수 있는 준비가 조금씩 갖춰졌다. 수업을 통해 온라인 강사에 대해 좀 더 구체적으로 알게 되었다. 이제 실천하는 일만 남았다.

많은 경험이 나를 성장 시켰다. 1인미디어창업지도사를 취득 후 틱톡 재능 기부할 강사 지원을 받았다. 강의 경험이 없었지만, 무슨 자신감이 생겼는지 선뜻 해 보겠다고 했다. 강사 프로필, 이력, 강의내용 등 전혀 관심도 없고 하지도 않았던 자료들을 요구했다. 너무 생소하고 어려운 것들 투성이었다. 이렇게 온라인 강사의 문턱에 처음 발을 딛게 되었다.

돈이 없어도 할 수 있는 온라인 강사 준비를 했다. 수강 신청을 통해 나를 성장 시켰다. 지식을 쌓고 강사로서 갖춰야 할 심리를 알게 되었다. 숏폼을 보더라도 이젠 그냥 지나치지 않게 된다. '이 영상을 튜토리얼 해볼까?' 고민하며 보는 나를 발견하였다. 라이브 방송 중에 누군가가 틱톡에 관한 질문을 하면 즐겁게 설명해 주게 되었다. 이젠 이런 질문을 즐기고 자신감을 느끼게 되었다. 온라인 강사가 점점 매력적으로 느껴졌다.

비기너 강사로 비로소 강사의 문을 열다

머릿속이 복잡해지기 시작했다. '직장생활을 하면서 어떻게 강사를 하지? 이 정도의 능력으로 강사가 될 수 있을까?' 많은 고민과 두려움이 몰려왔다. 1인 미디어창업지도사2급 자격을 취득 후 재능기부를 요청하는 글에 망설임 없이 신청했다. 강사가 되기 위한 경험이라고 생각했다. 하지만 온라인 강사가 처음인 나에겐 많은 장애물이 가로막고있었다. 무조건 신청만 해두고 앞이 캄캄했다.

강의 준비 전 많은 고민과 생각이 앞섰다. 강사 관련 자료를 요청해 왔다. 강사 프로필을 시작으로 강의 커리큘럼과 제안서까지 전혀 시도해 본 적 없는 새로움의 연속이었다. 선배님을 통해 강의안의 도움을 받고 주어진 40분이란 시간에 맞춰 강의안을 준비했다.

40분이란 짧은 시간에 많은 내용을 담기엔 역부족이었다. 초보 강사는 시간에 대한 개념도 없고 긴장감 탓에 설명도 길어질 텐데 제대로 할 수 있을지 걱정됐다. 긴장감 속에 강의를 어떻게 했는지 기억이 나지 않았다. 하지만 무사히 강의는 진행했고 이렇게 나의 온라인 첫 강의가 시작됐다.

드디어 틱톡 비기너 강의 기회가 왔다. 얼마나 기다리던 강의 기회인가! 재능기부만 해보았던 나에겐 정말 좋은 기회라는 생각이 들었다. 이미 자격증을 취득한 상태로 고민할 것 없이 강의하겠다고 지원했다. 기회를 잡았다. 해리스쿨 틱톡 비기너1기 강사로 선정되었다.

공식적인 틱톡 강사로서 첫 강의였다. 이번 기회에 틱톡을 제대로 알려주고 싶었다. 매주 화요일 8시로 강의 시간이 정해졌다. 직장인이라 퇴근 후나 주말에 강의 자료를 준비하기 바빴다. 강의안을 준비하는 동안에는 새벽 2~3시 잠들기는 기본이었다. 힘든 줄 모를 정도로 강의 준비하는 시간이 너무 즐거웠다. 강의 준비를 하는동안 틱톡에 대해 궁금했던 내용을 모두 조사하고 실제로 실행해보며 강의로 담았다. 나의 성장에 큰 도움이 되었다.

하루 하루가 긴장의 연속이었다. 책임감이 어깨를 짓눌렀다. 잠이 부족하지만 강의안을 완벽하게 준비하기 위해 열정을 쏟았다, 매주 강의 전 자료를 수정하고 연습하고를 반복했다. 설렘과 긴장감의 공존으로 강의를 준비했다. 초보강사의 심정은 다 이런것일까! 처음 진행하는 유료 강의인 만큼 수강생들에게 많은 것을 알려주고 강의가 좋았다는 소리를 듣고 싶었다.

틱톡 비기너를 위한 강의인 만큼 기초부터 탄탄하게 다질 수 있도록 알려줘야 했다. 내가 처음 틱톡을 접했을 때 어땠는지 기억을 되새겨 보았다. 닉네임과 아이디를 혼돈했던 기억이났다. '그래 이런 것도 모르시는 분이 많을 거야' 경험을 바탕으로 강의를 해보기로 했다. 계정을 만드는 과정부터 천천히 하나씩 초등학생을 가르친다는 생각으로 꼼꼼하게 준비했다.

드디어 강의가 시작되었다. 첫 강의의 긴장감 탓인지 실수를 하고 말았다. 녹화를 하지 않은 것이다. 수강생들에게 수업 후 복습을 위한 영상이 제공되는데 이를 못 하게 되었다. 앞이 캄캄했다. '이런 말도 안 되는 실수를 하다니' 강의가 어떻게 진행되었는지 기억이 나질 않았다. 이미 강의 전에 모두 테스트했음에도 불구하고 실전에서는 역시 떨림은 어쩔 수가 없었다.

경험이 쌓인 후 강의는 자연스럽게 진행되었다. 3주간의 강의를 준비하기 위해 처음 시작은 많은 시간을 투자했다. 경험이 쌓이면 이 또한 시간도 줄어들고 노하우도 생겼다. 강의를 마친 후 아쉬움이 많이 생겼다. 다음 기회엔 더 잘할 수 있다는 생각이 들었다. 아쉬움으로 비기너 강의를 잘 마무리되었고 수강생들의 반응도 좋았다. 비록 소수의 인원이었지만 그래서 더욱 열정적으로 강의를 할 수 있었다.

새로움은 늘 나를 설레게 하고 에너지를 채워주는 원동력이 되었다. AB 테스트를 통해 새로운 기능을 선보이고 사용자들의 관심을 끄는 틱톡은 더욱더 설레고 긴장되게 했다. 배움의 끈을 놓지 못하고 수시로 탐구하게 했다. 이런 설렘을 안고 오늘도 비기너들을 위한 기능은 어떤 것이 있는지? 누가 어떤 내용을 궁금해하는지? 관심을 두게 되었다. 강사는 늘 배우고 익히고 전파하고 설렘을 즐기는 직업이란 생각이 들었다.

'생각이 현실이 된다.' 책〈시크릿〉에서 접한 후 나의 슬로건으로 새긴 글이다. 이 말을 항상 새기며 긍정의 에너지를 이어왔다. 우연히 틱톡을 접하고 막연히 강사가 되고 싶다고 생각했다. 생각만으로 그치지 않고 자격증부터 강사까지 도전장을 내밀었다. 직장 생활을 하며 전혀 상상하지 못했던 일이었다. 새로운 세상을 만난 후 새로운 나를 발견했다. 비기너 강사로 강사의 문을 열었다.

 온라인 강사로 매일 성장하는 비법

'해바' 나의 닉네임이다. 처음 '해바'라는 닉네임으로 '모든 사람에게 행복을 준다.' 라는 뜻의 HappyVirus를 사용해 왔다. 닉네임의 중요성은 알았지만, 의미를담아 작명하기가 어려웠다. 강사가 되어야겠다는 생각에 닉네임의 의미를 다시 되새겼다. 숏폼강사 해바쌤이라는 닉네임으로 지금은 활동하고 있다. 닉네임의 의미는 이제 Doitnow('지금 당장 해바, 일단해바, 뭐든해바')로 자신감을 갖고당장 해보라는 뜻을 담아 활동하고 있다.

온라인 강사를 꿈꾸는가! 막상 온라인 강사가 되려고 보니 막막한 개 한 둘이 아니었다. 무지의 세계 온라인 세상에 와보니 생존 경쟁이 아주 심한 곳이었다. 선배님은 강사 준비를 하다가 중간에 낙오되는 사람이 많으니 꾸준함이 중요하다고했다. 나를 홍보하는 일부터 직접 강의까지 혼자서 해야 했다. 아주 긴 여정이 될 수 있다고 선배님들이 조언을 해줬다. 하지만 꾸준함과 할 수 있다는 자신감을 장착하고 계속 도전했다.

나 자신과 긴 싸움이될 수 있다고 생각했다. 끊임없이 배우고, 성장해야 하는 직업이 강사였다. 온라인 강사는 트랜드에 맞게 많은 정보를 수집해야 하고 SNS와는 절대적으로 친해져야 하는 직업이란 생각이 들었다. 지금은 40대 후반인 내가 50대, 60대가 되어서도 할 수 있는 일이란 생각이 들었다. 앞으로 힘든 일들이 많이 닥치겠지만 온라인 강사로서의 꿈은 계속 키워야겠다고 다짐했다.

단순히 강사가 되겠다는 생각만으로 시작하면 금방 포기할 수 있는 일이란 생각을 했다. 온라인을 통한 강의를 하는 만큼 강의안을 만들고, 줌을 활용하여 화면을 공유하고 이를 활용하여 또다른 채널을 통해 런칭하는 마케팅을 알아야했다. 수업을 받은 수강생들이 다시 나를 찾을 수 있도록 오픈카톡, 카페등을 통해 커뮤니티를 형성하여 나를 홍보해야했다. 또한 혼자의 힘으로 이룰 수 있는건 한계가 있기에 커뮤니티 속에서 다른 분들과 협업하는 능력까지 잘 갖춰야 했다.

　온라인 강사가 갖춰야할 능력은 한 두 가지가 아니었다. 1인 기업을 운영하는 사람으로써 온라인상에 나의 사업장을 차리고 운영하는 만큼 마케팅, 홍보, 강의자료 작성, 수강생 관리 등 많은 것들을 혼자서 해야했다. 온라인에서 쏟아지는 많은 강의들을 보면 모두 다 배우고 싶은 욕심이 앞서기도 했다. 처음 시작하는 나에겐 모든것이 새롭고 뒤처지는게 아닌가 두려웠다.

　욕심을 버리고 전문성에 집중했다. SNS에는 수많은 광고가 쏟아졌다. 나를 성장 시킬 수 있는 강의를 잘 골라 신청해야 했다. 욕심만으로 무작정 신청만 하게 되면 수업의 집중도는 물론 나의 전문성을 키울 수가 없었다.

　처음 욕심만으로 이것 저것 신청하고 같은 날 같은 시간 수업이 중복될 때도 있었다. 나만 뒤처지는것 같은 생각에 욕심을 부린것이다. 욕심을 버리고 정말 나에게 필요한 과정만 신청을 한 결과 내 능력치는 더 올라가고 전문성도 집중적으로 키울 수 있었다.

　나 홀로 강사의 길은 쉽지 않았다. 특히 혼자서 이끌어가기엔 무리가 있었다. 커뮤니티의 힘이 이럴 때 필요했다. 커뮤니티 활동이나 콘텐츠가 있는 곳에 소속해서 나 자신을 홍보하고 성장시켰다.

　현대 시대는 커뮤니티의 힘을 얻어야 하고 이곳에서 나를 성장시키면서 홍보까지 할 수 있는 능력을 키워야했다. 특히 1인사업가는 마케팅을 통한 홍보부터 사후관리까지 혼자가 아닌 커뮤티를 통해 나를 성장 시킬 수 있다는 생각이 들었다.

틱톡 비기너 강사를 시작으로 지금은 강사를 가르치는 강사를 꿈꾸게 되었다. 강사를 가르치는 강사가 되려면 또 어떤 배움의 길을 밟고 어떤 능력과 기본 자질을 갖춰야 할까? 많은 강의를 통해 시행착오도 겪어보고 경험을 쌓아야 했다. 지금은 부족하지만, 더 많은 강의와 경험을 통해 강사를 위한 강사가 되고 싶어졌다. 내가 실패한 부분은 후배들이 겪지 않도록 가이드하는 능력을 갖추려면 무엇을 해야 할지 고민되었다.

평범한 직장인이 온라인 강사를 꿈꾸었다. 틱톡 크리에이터이자 지금은 틱톡 강사로 활동하고 있다. 시대 흐름에 맞게 숏폼에 관련된 공부는 지속적으로 유지해야 했다. '나이는 숫자에 불과하다'라는 말을 요즘 유난히 공감하고 있다. 도전하지 않고 고민 안 하는 것은 발전 가능성이 없다. 나처럼 시작이 두려운 분들을 위해 적극적으로 강사의 길을 알려주고 도와주기 위해 나를 성장 시키고 싶어졌다.

지금은 나 자신이 곧 상품이 될 수 있는 시대라고 생각했다. 나의 가치를 높이고 나를 상품화하기 위하여 늘 배우고, 성장시켜야 했다. 강사가 되고 싶다면 배움은 늘 생활이 되고 시대의 흐름에 발 빠르게 파고들어 공부하고 전파해야 했다. 온라인 강사의 길은 아주 다양했다. 줌 활용법, PPT 작성법, 노드 활용법, 튜토리얼, 메타버스등 다양한 강사진들이 많았다. 이 중에 나는 숏폼 강사의 길을 선택했다.

나 자신을 믿고 도전했다. 온라인 강사를 준비하시는 분이라면 자신을 믿고 도전을 꼭 해보라고 말하고 싶다. 준비된 자에게 기회는 찾아 오듯이 안된다는 생각보다 해보자는 생각으로 조금씩이라도 준비했다. 마음의 준비든 실질적인 준비든 늘 준비는 되어있어야 했다. 준비가 되어있지 않았을땐 기회를 먼저 잡았다. 기회를 잡은 후 방법을 찾게 되었다. 책임감에 더 많이 공부하고 준비하게 되었다. 기회는 잡았으니, 지금이라도 내가 무엇을 해야 할지 생각하고 행동으로 옮겼다.

온라인 강사가 되기 위해서는 끈기와 노력이 필요했다. 나 스스로 다짐하고 세운 몇 가지의 나만의 규칙이 있다. 힘들 때마다 되새기며 다시 용기를 얻어 시작했다.

첫째, 준비된 자에게 기회는 온다. 배움의 끈을 놓지 말고 시대의 흐름에 맞게 항상 배우는 자세로 나를 성장 시키는데 아끼지 말고 투자해라.

둘째. 경험이 경력이 된다. '일단 해보자'라는 생각으로 기회를 잡고, 나 자신을 믿고 끊임없이 도전해라.

셋째. 꾸준함을 바탕으로 자신과의 싸움에서 물러서지 말고 성장하는 나로 컨설팅해라. 힘들때 마다 이 세가지를 항상 생각하며 꾸준함을 유지해 왔다.

온라인 강사를 준비하는 분들에게 많은 도움을 줄 수 있는 강사가 되고 싶었다. 지식은 나눠줄 때 비로소 내 것이 된다고 생각했다. 비록 강사의 길을 나선지는 오래되지 않았지만 나의 경험을 바탕으로 많은 분들에게 도움을 주고 싶었다.

숏폼 강사로서 더 많이 배우고 숏폼을 활용하여 개인이나 기업이 브랜딩할 수 있도록 도와주고 싶었다. 또한 이런 경험을 바탕으로 온라인 강사의 길을 선택한 분들에게도 많은 도움을 주고 싶었다. 교육은 언제나 나를 성장시키고 겸손함을 잃지 않게 해준다. 이런 나의 성장을 위해 꾸준하게 배움을 멈추지 않고 오늘도 온라인 강사로 미래를 준비해본다

안보미

미취학 아동 아이 둘을 키우면서 2년 넘게 공동구매 셀러 '쏠라'로 활동하고 있다.
50일 동안 공동구매 셀러가 되고 싶은 사람들에게 경험과 노하우를 나누는 '쏠라 공구
스터디'를 현재 15기째 운영 중이다. '쏠공스'에서는 강의를 듣고 실전 공구를 진행해
볼 수 있다. 100여 명이 넘는 수강생을 배출하고 인스타그램 수익화 뿐 아니라,
제2의 삶을 살도록 도움을 주고 있다. 공동구매 셀러들의 커뮤니티 '쏠라살롱'도
이끌기 시작했다. 끊임없이 새로운 도전으로 사람들의 성장을 돕는 '쏠라'로,
두 아이에게도 긍정적인 활력소 엄마로 살아가고 있다.

2023 중소벤처기업부 1인기업온라인강사 1급
2023 재노스쿨온라인강사 1급 자격증 취득
2022 공구셀러 커뮤티니 '쏠라살롱' 운영
2022 인스타그램 1.1만 팔로워 달성
2021 공구스터디 '쏠공스' 15기 운영
2021 별나스쿨 공동구매 쏠라반 강사
2021 인스타 공동구매 뷰티, 육아용품 100회 이상 진행

퇴근 후

온라인강사로
변신한 홍대리

Part 6

강사와 리더 인스타로 열린
젊줌마의 인생 2막

CONTENTS

순진한 아줌마의 인스타 입문기

쏠라의 탄생, "네가 뭔 데, 협찬을 해준 대?"

2개 팔린 첫 공동구매부터 매출 650만 원 달성까지

제품과 구매자의 연결자. "내가 제일 잘 알아."

나도 할 수 있는 거야? '쏠공스'의 시작

쏠라님 덕분이에요

조급함은 실패를 낳는다.

나 안보미, 엄마, 그리고 쏠라의 균형잡기

시작을 하면 길이 열린다

 **순진한 아줌마의 인스타 입문기**

　은솔, 은하, 내 인생을 바꿔 놓은 두 사람. 활동적이고 도전적이었던 나를 가정이라는 울타리 안에 머물게 한 주인공들이다. 코로나까지 겹쳐 회사를 포기한 나는 그렇게 집순이 엄마가 되었다. 밖으로 나가지 않으면 병이 나던 나였는데, 대중교통을 이용하는 것마저 쉽지 않았다. 안 먹고, 안 자고 유난히 예민했던 첫째, 21개월 터울로 바로 와준 둘째까지. 너무 소중한 내 아이들, 그리고 내 24시간은 아이들의 것이 되었다. 본래의 나를 내려놓고 엄마로만 존재하게 했다.

　나는 코로나 시대의 육아 전쟁 속에서 고군분투하고 있었다. 그러던 나에게 세상과의 유일한 통로는 아이들 재우고 난 뒤 열어보는 인스타그램이었다. 그마저도 내 계정은 아이들의 사진을 기록하는 공간이었다. 인스타그램에서 만나는 세상은 내 눈을 반짝이게 했다. 나만 그 속에서 정지된 사진 같았다. 육아로 가득 찬 내 시간은 굉장히 바쁘고 쉴 틈이 없었지만, 항상 무언가 빠진 느낌이었다. 그렇게 지낸 몇 년을 돌아봤을 때, 그 무언가는 바로 '나'였다.

　어느 즈음, 나는 '나를 잃어버린 우울감'에서 빠져나오려 하고 있었다. 나 스스로를 다시 세우는 건 나 자신이라 생각했다. 그런데 내 눈에 들어온 건, 휴대전화 하나로 돈을 벌고 있다는 예쁜 '인스타' 엄마들이었다. 나는 주부들이 부업으로 월 천씩 번다는 이야기에 솔깃해질 수밖에 없었다. '집에서 월 백만 원 벌어요', '주부인데 월 천만 원 벌어요'라고 내 귓가에다 외치는 것 같았다. 엄마로만 살던 순진한 내 마음에 욕망의 불꽃이 일었다. 나도 나의 일을 할 수 있다는 기대감에 부풀었다. 그리고 그 유혹에 넘어가고 말았다.

다양한 부업을 알아보고 다녔다. 돈 버는 것이 쉽다고 말하는 달콤한 꼬드김에 나의 욕심은 점점 잘못된 선택의 길로 가고 있었다. 외벌이 남편에게 기대어 있던 나에게는 몇십만 원이라도 벌고 싶은 마음이 컸다. 때마침, 솔깃한 제안이 나에게 손을 내밀었다. 초기 가입비가 10만 원이고, 팀원이 함께 일하며 서로에게 수익이 지속해 생긴다는 기가 막힌 말이었다. 한 줄기 빛으로 보였고, 잘 되는 상상까지 하며 시작했다. 하지만 그것은 당연히, 썩은 동아줄이었다.

결국 '사람 모집'이라는 형태로 나와 같은 사람들을 계속 모으는 일을 했다. 그리고 시간이 지나자 소위 상위 단계의 사람들이 어떻게 돈을 벌고 있는지 알게 됐다. 달콤한 돈의 맛을 본 사람들의 마인드가 어떻게 변질하였는지 보였다. 내 뒤로 들어온 사람들이 잘되지 않으리라는 것도 깨닫게 됐다.

정신이 번쩍 들었고, '내가 지금 무얼 하고 있는가?' 마음이 너무 괴로웠다. 그 안에 나와 같은 기대를 하는 사람들에게 그 상황을 전달했다. 그리고 난 그 부업을 탈퇴했다. 지금 생각하면, 방법도 방도도 없이 그저 10만 원만 내고 뭘 얻으려 했던 걸까? 돈을 벌고 싶은 욕심에 눈이 멀었던 한때의 나를 반성한다.

그 후, 김승호 회장의 ≪돈의 속성≫을 읽고, 돈을 바라보는 관점을 전환하게 되었다. 돈을 수단으로 봤던 나에게 '돈이 인격체다'라는 메시지는 큰 울림이 일었다. 인스타에 올라오는 수익 인증 글들을 다른 시각으로 해석할 수 있는 안목이 생겨났다. 노력하지 않고, 쉽게 번 돈들은 결국 내 인생에서 가치 있는 일을 할 수 없다는 것을 깨닫게 되었다. 만약, 예전의 나처럼 이런 유혹에서 갈등하는 분들이 있다면 나는 단호하게 말하고 싶다. 당신은 어떤 돈을 벌고 싶은가요? 그리고 그 돈을 얼마나 가치 있게 쓰고 싶은가요?

그렇게 달콤한 유혹과 쓰디쓴 깨달음을 단기간에 알게 되었다. 그리고 순진한 아줌마의 인스타 입문기는 말 그대로 입문기였다. 난 인스타그램을 놓지 않았다. 잘못된 경험을 하는 동안 얻은 것이 있었다. 그동안 인스타그램 공부를 했다는 것이었다.

나도 모르게 터온 길 쪽으로 눈을 새롭게 뜨자 내가 갈 길에 파란불이 켜졌다. 나만의 공간, 진짜 내 계정을 만들기로 했다. 미로 속 잘못된 길에서 헤매다가 드디어 탈출구를 찾은 것이었다. 그 끝이, 내 새로운 삶의 시작이었다. 진짜 인스타 입문의 길이 시작되었다.

 쏠라의 탄생, "네가 뭔 데, 협찬을 해준 대?"

6년의 대기업 영양사 경력, 4년간의 두 아이 육아 경력, 도합 나의 10년은 경력 단절로 돌아왔다. 4살, 2살 아이들과 보내는 하루하루에서는 나를 찾아볼 수 없었다. 목이 늘어난 티셔츠를 입고 온종일 거울 볼 일도 없는 방구석 아줌마가 나였다. 10kg이나 불어난 나의 몸은 게으른 사람처럼 보였다. 유통기한 지난 화장품을 바르는 것도 일상이었다. 기대했던 인스타 수익화 부업들이 모두 사기라는 것을 깨닫게 된 그 순간에는, 시작 때 느낀 설렘마저 환멸스러웠다. 그럼, 현재 인스타 공구 셀러이자 강사인 '쏠라'로 활동하는 나는 어떻게 탄생한 것일까?

사람들에게 나를 보여주고 좋은 영향을 주려면, 나 스스로 매력적이어야겠다는 생각이 들었다. 미용실에 가고, 운동을 시작하고, 살이 찐 게 티가 나지 않을 예쁜 옷들을 쇼핑했다. 거울을 보고, 어디를 가든 내 사진을 찍기 시작했다. 사진을 찍어야 하니, 집도 치우고 꾸몄다.

항상 아이들 키우면서 힘들어하고, 스스로를 챙기지 않던 나를 봐왔던 가족들이 신기해했다. 내 동생은 언니 사진 찍어야 한다며, 집 근처에서 떠나지 않던 나를 데리고 다녔다. 그렇게 다시 나를 찾기 시작했다. 인스타그램의 최고 순기능이었다.

인스타그램이 너무 재미가 있었다. 아이들을 재우고 나면 몇 시간씩 잠도 안 자고 인스타그램만 들여다봤다. 사람들의 사진을 구경하고, 글을 읽고 공감하고, 댓글을 달며 친해졌다. 재미가 있는 것도 있지만, 신기한 건 내 공간에도 사람들이 찾아와 '좋아요'가 500개씩 달리고, 댓글이 100개씩 달리기 시작했다. 사람들은 나의 밝고 긍정적인 이미지에 좋은 느낌과 영향을 받는다며, 칭찬을 했다. 내 자존감도 올라가고 아드레날린이 솟았다.

인스타 속에서 또 다른 내 사회가 열리고 있었다. 언니, 동생 하는 친한 인스타의 친구들이 생기기 시작했다. 그들은 얼굴 한번 본 적 없지만, 매일 같이 일상을 공유하는 친구들이었다. 형식적으로 하는 '무의미한 소통'

이 아니었다. 밝고 장난기 가득 담아 사람들과 대화하는 걸 좋아하는 내 본 모습이 그 안에서 다시 살아나고 있었다. 그들이 보는 내가 몇 년 동안 잃어버렸다던 바로 '나'였다. "그래, 이게 나야"

그리고 내 인스타그램 공간 속 나의 닉네임을 정했다. 아이들을 공개하지 않으며 '나'를 보여주는 곳이었지만, 나와 떼려야 뗄 수 없는 나의 아이들을 넣었다. 나는 아이들을 품은 빛나는 엄마니까, 아이들 덕분에 내가 인스타 세상에서 또 다른 나를 만날 수 있었으니까.

내 아이들 이름의 맨 뒷글자 하나씩 따서 만들어 본 '쏠라'. 다시는 욕심에 나 자신과 다른 사람들을 속이지도 않겠다. 내가 할 수 있는 것과 잘하는 것을 보여줄 것이다. 내 행복이 아이들의 행복이 될 테니까. 그렇게 다짐하며 나는 '쏠라'가 되었다.

'쏠라'로 인스타그램 속에서 활발하게 활동한 지 두어 달쯤 지났을 때였다. 여러 업체로부터 제품을 보내줄 테니, 제품 사진과 내가 직접 쓴 글을 적어 달라는 협찬 제의가 들어왔다. 연예인들한테만 쓰이는 단어인 줄 알았던 '협찬'이 나에게 들어오고 있었다. 너무 신기했다. 안 쓰던 화장품을 써볼 수 있었고, 집에는 새로운 물건들이 생겼다. 인스타그램으로 얻은 첫 수익이었다. 가족들과 동네 엄마들을 만나면 화장품을 나누어 주며 스스로 뿌듯함이 꽉 차기까지 했다.

제품 택배들이 매일 같이 집으로 배송이 되자, 어느 날 남편이 물었다.
"네가 뭔 데, 협찬을 해준다는 거야?"
"그러게, 나도 궁금하네"

업체들로부터 협찬 제의가 끊이지 않았다. 왜 그들은 나를 찾았을까? 한 번도 궁금해하지 않았다. 남편의 질문을 듣고 그 이유를 생각해 보기 시작했다. 인스타에서 보이는 나는 '신뢰 가는 이미지의 밝은 엄마'였다. 자신들의 제품을 내가 소개하는 것이 도움이 된다고 판단한 것이다. 유명 연예인이나 이질감있는 인플루언서보다 옆집 동생 같고, 앞집 언니 같은 육아 중인 엄마가 인스타에서 인기가 있었다. 그런 나를 잘 보여줘야 하는 세계에 입성했다.

2개 팔린 첫 공동구매부터 매출 650만 원 달성까지

협찬의 맛을 본 후, 더 신이 나서 인스타그램의 세계에 빠져들었다. 그리고 내 인스타그램의 팔로워가 1,000명이 넘게 되었다. 코로나가 조금씩 완화되면서 아이들이 어린이집에 가게 된 후로는, 나에게 주어진 시간이 늘어났다.

협찬 제품들을 사용해 보고, 사진을 어떻게 더 잘 찍을지 연구하며 내 시간을 보냈다. 뷰티 제품이 들어오면 나를 더 가꾸게 되었고, 생활용품이 들어오면 집을 더 살피게 되었다. 나도 달라지고, 가정도 달라졌다. '인스타그램이 이렇게 좋은 거였어.' 즐기면서 온 에너지를 쏟았다.

그걸 알아본 걸까, 많은 업체들에 내 인스타그램은 팔로워 수에 비해 '댓글'과 '좋아요' 반응이 높다고 평가받았다. '가짜 계정'들이 난무하는데, 진짜로 소통하는 힘을 믿는다며 공동구매 제의가 들어오기 시작했다. 신나게 인스타그램에 빠져들었던 성과였다. "이제 진짜 인스타그램으로 돈을 번다." 내 일을 찾기 시작한 후 처음 이뤄낸 생산적인 일이었다.

공동구매, 제품 홍보, 마케팅 그중 무엇 하나도 모르던 내가 무작정 공동구매를 시작했다. 신나고 재미나게 인스타그램을 해왔을 뿐이었다. 공동구매 셀러로서의 내 스타일이 있을 리 만무했다. 일단 받은 제품들을 열심히 사용해 봤다. 그리고 마음에 드는 제품을 선택해 공동 구매하기로 했다. 그리고 나는 '판매를 위해' 제품 소개만 늘어놓으며 공동구매를 진행했다. 그렇게 나 혼자 혼잣말하듯 진행한 첫 공구의 결과는 '지인 구매 2건'이었다.

그 후 여전히 혼자 헤매며 진행했던 몇 건의 공구들 역시 성적이 비슷했다. 나는 최근에 인스타그램 공동구매 책을 쓴 저자들, 인스타 수익화 강연 중 메가 셀러들의 사례를 본 적이 있다. 그들의 이야기는 첫 공동구매부터 대박을 낸 '대성공' 사례들이었는데, 난 그저 평범보다도 못했던 '맨땅에 헤딩' 수준이었다. 인지도가 높지 않은 제품과, 인스타에서 갓 활발해진 젊은 엄마 쏠라였다. 허허벌판에 혼자 춤을 추며 가게를 열었다고 한들 누가 사러 오겠는가?

나의 성격 중 가장 큰 장점은 '회복 탄력성'이다. 좌절이 오래가지 않는다. 나는 이제 막 시작했기 때문에 아직 갈 길이 멀다고 생각했다. 그 처음 2건이 너무 감사했다. 그리고 멈추지 않는 대신, 해결책을 하나하나 찾기 시작했다.

'내게 부족한 점을 채우면 된다.' 겉모습을 꾸미고 내 밝은 모습을 보여주었다면, 한층 더 성장하기 위해 내면과 정신을 다져야 했다. 마케팅 관련 정보들을 찾아보았고, 인스타그램을 더 공부했다. 회사를 그만두고 1인 CEO가 된 사람들의 자기계발서를 찾아 읽었다. 잠을 더 줄이고 더 열정적으로 임했다.

당장 실행할 수 있는 변화를 찾아야 했다. 맨 처음 든 생각은 직접 써 보셨으면 좋겠다는 것이었다. 분명 내가 써보고 좋아 정했는데, 보여주고 전달하는 과정이 부족했다면, 우선 나처럼 써 보셨으면 하는 마음이었다. 마트에서 시식하듯이, 내 안목을 시식해 보라고 하고 싶었다. 제일 빠른 변화였고, 마음을 먹고부터는 계속 실행했다.

그 후 진행한 공동구매부터 내가 제품 판매를 시작하기 전에 체험단 이벤트를 열었다. 제품을 미리 써 보도록 몇 분께 나눠드리고, 마음에 든다면 홍보에 신뢰감을 더해줄 후기를 받았다. 비용적으로 부담이 있는 경우엔, 제품 지원을 업체에 감히 부탁했다. 많은 업체에서 나를 믿고, 내 마음을 들어주었다. 그 덕에 나는 '이벤트 요정'의 수식어로 단기간에 급격하게 팔로워가 늘어났고, 그사이 나를 지켜봐 온 인친분들과 더 가까워질 수 있었다.

그리고 얼마 후 공구에서 처음으로 13만 원이라는 금액이 입금되었다. 공구 시장에 나온 지 얼마 안 된 제품이었다. 그 공구를 진행하기 전 업체와 이야기를 많이 나누었다. 제품을 만들기까지의 이야기도 듣고, 제품에 대한 애정도 가득 느꼈다. 나도 직접 가족들과 사용해 보고, 내가 이 제품을 왜 소개해 주고 싶은지 나의 경험담을 녹여 전달했다. 그리고 역시 같은 공감대를 가진 분들께 체험해 보고 후기를 나눌 이벤트를 진행했다.

그렇게 처음으로 판매다운 판매를 이루어 냈다. 제품의 이야기, 나의 이야기, 그리고 나의 팔로워 분들의 후기로 만들어진 이야기였다. 지금도 이 제품은 제품력을 인정받아 인스타그램에서 공구를 많이 하는 제품이고, 구매력과 만족도가 높은 제품이다. 그 덕에 지금까지 꾸준히 판매되고, 나 역시 2년 넘게 공구를 진행 중이다.

너무 매력 있는 일이었다. 공간과 시간에 제약받지 않았다. 집에서 제품을 사용하는 내 모습을 보여주면 됐고, 밖에서도 핸드폰만 있으면 일이 되었다. 아이들을 보내고 제품 사진과 피드를 올렸고, 육아에 충실하다 아이들을 재우고 댓글로 소통하는 시간을 보냈다.

그 누구도 성공을 빌미로 비용을 요구하지 않았고, 오히려 나를 믿고 무상으로 제품을 보내주려고 했다. 나에게 필요하고 나에게 맞는 제품을 열심히 사용해 보면 됐고, 그게 곧 나의 수입원이 되었다. 그리고 나는 멀리 봤다. 이게 시작이지만, 난 분명히 잘될 거라고. 남편한테 말했다. "내가 회사 그만두게 해 줄게."

공동구매를 진행해 오던 어느 날, 나에게 인친이자 고객 중의 한 분인 분에게서 메시지가 왔다. 어떤 제품을 다른 사람 공구에서 계속 놓쳐 구매를 못 했는데, 내가 그 제품 공구를 열어줄 수 있냐는 연락이었다. 그 제품을 검색해 보았더니, 현재 진행 중인 공구 셀러는 나와는 비교도 안 되는 인플루언서였다. 공구 오픈을 하는 순간 매진이 된다는 메가급 셀러였다. 일단 그 제품 공급업체를 찾았다.

여러 번의 연결 끝에 공동구매 담당자와 연락이 되었지만, 내 공구 역제안에 돌아온 대답은 거절이었다. 그래도 계속 들이대자, 조건이 붙었다. 메가급 인플루언서가 독점으로 진행을 원하는 제품이기 때문에, 절대 내 인스타그램 피드에 공개하면 안 된다는 것과, 최소 100개 이상 판매를 보장하라는 것이었다. 나는 사람들을 모아올 테니 조금만 시간을 달라고 대답했다. 그리고 공동구매는 꼭 진행할 것이라 했다.

인스타그램 피드에는 공개하지 못하니, 스토리와 DM으로 사람들을 모으기 시작했다. 스토리로 비공개 공구 예정임을 홍보하며, 그 제품이 필요할 만한 분들을 찾았다. 육아 제품이었기 때문에, 맞는 연령대의 아이를 키우는 엄마들을 생각했다. 그렇게 찾은 분들에게 DM으로 수요도 조사를 했고, 구매 의사까지 좋게 받았다. 그리고 나의 육아 동지, 아이들 친구 엄마들까지 총동원했다. 그렇게 나의 연락을 받은 분들과 소개와 소개가 이루어져 구매하겠다는 예정자가 100명이 넘게 되었다.

업체에 100개 이상 꼭 판매할 수 있으니, 공동구매를 진행하겠다고 전달했다. 그리고 나의 공구 결제 페이지가 열렸다. 구매할 의사가 있다고 했던 분들께 비공개로 구매 결제 페이지를 돌렸다. 선입금을 받은 것도 아니었다. 공동구매가 시작되면 구매하겠다는 말만 믿었다.

제품의 수요와 많은 사람들의 신뢰로 발빠르게 이루어진 공동구매였다. 결과는 대략 130건, 매출 650만 원을 넘겼다. 나의 첫 조달과 공구 역제안의 반전 대성공이었다. 그리고 나를 처음 거절했던 이 업체는 추후 다른 제품들까지 먼저 연락이 와 제안하곤 했다. '지인 구매 2건'의 첫 공동구매부터 눈물 나는 끈질긴 도전의 매출 650만 원 결과였다.

제품과 구매자의 연결자. "내가 제일 잘 알아."

제품을 받는다. 제품의 장점을 설명한다. 판매되기를 기다린다. 공동구매를 종료한다. 이렇게 공구를 진행하던 때가 있었다. 공구 셀러로 자리를 잡으면서 깨닫게 되었다. 내가 진행하는 공동구매에서 이루어지는 판매는 제품만 있어선 안 된다는 것을. 제품은 내가 제일 잘 알아야 했다.

내가 사용해 보고 느끼는 점 이외에도 많은 후기를 찾아봤다. 판매만을 위해 만들어진 페이지를 보고 구매자가 갖게 될 의문점도 생각해 봤다. 장점의 단면에 현혹되어 후회되는 구매가 있진 않을지 생각해 봤다.

어떤 제품이든 모든 이들한테 다 좋을 수가 없다. 모두가 같은 제품을 똑같은 조건으로 똑같은 양을 사용할 수는 없다. 내가 사용하는 만큼만, 나한테 좋은 것만 전달했다. 그리고 내 제품을 사고 후회하면 안 되는 상황을 솔직하게 피드에 풀었다.

"딸기 맛과 초코 맛 둘 다 맛있다는데, 저희 애들은 딸기 맛 안 먹어요. 그래서 저는 딸기 맛도 맛있다고 말씀드릴 수가 없어요."
"먹기 쉽다고 되어있는데, 목 넘김이 좀 힘들어요. 조금씩 나누어서 물과 함께 드시면 좀 나아요."
"이것만 하란 대로 드시면 건강에 더 안 좋고, 요요가 와요."

절대 내 제품이 안 좋은 건 아니다. 내가 직접 꾸준히 사용하는 제품들을 소개하며, 내 맘에 들지 않으면 절대 권하지 못한다. 하지만 내가 아는 만큼, 느낀 만큼 전달을 해야 한다. 그리고 최대한 더 많은 정보를 전달하기 위해선, 내 제품은 내가 제일 잘 알아야 한다.

그런 이미지로 신뢰를 주고 있다는 걸 알게 해준 일들도 있었다. 공구를 진행하던 중, 장문의 메시지가 왔다. 내가 판매하고 있는 제품과 같은 제품을 다른 판매자한테서 구매했다고 했다. 무조건 좋고 무조건 효과가 있다는 말에 구매했다며. 혹시 나 역시도 그렇게 알고 있냐는 메시지였다.

그동안 내가 과장 없이 소개해 주는 걸 알기에, 혹여 잘못된 정보로 내가 곤란해질까 봐 걱정과 애정이 담긴 연락이었다. 당연히 아닌 걸 알고 있음을 전달하고, 그 내용을 한 번 더 피드에 담아 전달했다. 완벽할 순 없지만, 최대한 리스크 없는 구매를 이끌 수는 있으니까.

 "나도 할 수 있는 거야?" '쏠공스'의 시작

공동구매를 진행해 온 지 10개월 정도, 오랜 경력도 아니며, '완판'을 쉽게 하는 메가급 셀러도 아니었다. 하지만 단 하루도 인스타그램을 쉬지 않았다. 누구한테 배우거나 물을 곳도 없이 나 혼자 손품, 발품 팔며 진행을 해왔다.

어느새 나만의 틀이 잡히고, 내 인스타그램 자체가 내 포트폴리오가 되었다. 공구와 협찬 제안은 끊임없이 이어졌다. 제안받는 제품 이외에도 내가 먼저 업체를 찾아 연락하기도 쉬워졌다. 남들이 다 하는 제품이 아닌, 내가 추천하는 제품이 사랑을 받아 널리 퍼졌으면 하는 나만의 고집도 생겼다. 많은 제품을 써봤고, 많은 업체가 연결되어 있었다.

그리고 그즈음, 질문을 받기 시작했다. 꾸준히 공구를 하는 나를 지켜봐 온 인친들, 그리고 같이 아이들을 키우는 동네 육아 동지 엄마들이 물었다.

"공동구매 어떻게 하는 거예요?" "애들 보면서 나도 할 수 있는 거야?"
그리고 신기한 건 제품 제조와 판매를 하는 업체에서 조언을 구하는 연락이 몇 번이고 왔다는 것이다. 가진 제품으로 공동구매 판매를 시작해 보고 싶은데, 도움을 줄 수 있느냐 하는 요청이었다. 덧붙여서 해주신 말씀이 또 나를 뭉클하게 했다.

제품을 대하는 진심 어린 마음과 열심히 임하는 긍정적인 에너지가 인스타그램 피드에서 가득 느껴졌다 했다. 여러 공동구매 판매자들을 봐왔지만, 꼭 나에게 제품을 맡기고 싶다는 말씀이었다.

지금은 인스타그램 추천 게시물만 넘겨봐도 '인스타그램 잘하는 방법' 정보가 넘쳐난다. 내가 공구를 시작했을 때는 책이나 강의 플랫폼이라면 모를까, 직접 찾아 나서지 않고서는 지금처럼 온라인 스터디가 많지 않았다. 각종 정보가 담겨 전달되는 '릴스'가 생기기도 전이었다. '퍼스널 브랜딩' 그런 말도 흔치 않았다. '인스타그램에서 돈 버는 법'은 말도 안 되는 부업들이 꿰차고 있었다. 특히 공동구매하는 방법을 알려주는 강의는 드물었다.

나 역시 이렇게 혼자 일을 해본 게 처음이었다. 회사에 다닐 땐 같은 곳에서 같은 일을 하는 동료들과 매일 같이 일 이야기를 주고받을 수 있었지만, 지금은 아니었다. 인스타그램 공구 셀러가 되었지만, 다른 공구 셀러들한테 묻기는 더 조심스러웠다.

주변에는 나를 신기해만 할 뿐 나와 같은 일을 하는 사람이 없었다. 답답할 때마다 서로 의지하고 이야기할 사람이 있었다면 했다. 이때의 이 마음이 내가 '쏠라공구 스터디'를 만든 후에, 공구 셀러 커뮤니티 '쏠라 살롱'까지 만들게 된 큰 이유이다.

나에게 조언을 구하는 사람들이 늘어나는 만큼, 나는 더 많은 사람이 있으리라 생각했다. 내가 필요한 사람들에게 내가 알고 있는 정보, 경험에서 나온 이야기들, 그리고 내가 해줄 수 있는 지원들까지 해줄 수 있다면 해주고 싶었다.

나 역시 이렇게 혼자 일을 해본 게 처음이었다. 회사에 다닐 땐 같은 곳에서 같은 일을 하는 동료들과 매일 같이 일 이야기를 주고받을 수 있었지만, 지금은 아니었다. 인스타그램 공구 셀러가 되었지만, 다른 공구 셀러들한테 묻기는 더 조심스러웠다.

주변에는 나를 신기해만 할 뿐 나와 같은 일을 하는 사람이 없었다. 답답할 때마다 서로 의지하고 이야기할 사람이 있었다면 했다. 이때의 이 마음이 내가 '쏠라공구 스터디'를 만든 후에, 공구 셀러 커뮤니티 '쏠라 살롱'까지 만들게 된 큰 이유이다.

나에게 조언을 구하는 사람들이 늘어나는 만큼, 나는 더 많은 사람이 있으리라 생각했다. 내가 필요한 사람들에게 내가 알고 있는 정보, 경험에서 나온 이야기들, 그리고 내가 해줄 수 있는 지원들까지 해줄 수 있다면 해주고 싶었다.

누구나 다 처음부터 '대박이 난 성공사례'를 갖는 것은 아니다. 나와 같은 방황을 하는 사람들, 나와 같은 실수를 겪는 사람들에게 편하게 옆에서 도와주는 조력자가 되고 싶었다. 그렇게 나는 엄청난 사람이 아님에도 불구하고, 엄청난 사람이 아니라서, 인스타그램 '공구 스터디' 리더가 되기로 했다.

결심이 서면 실천으로 한 발 내딛는 내 적극적인 성격을 칭찬한다. 앞서 블로그와 스마트스토어 등 온라인 수익화 강의를 하는 지인한테 조언과 지원을 받았다. 지금의 '별나스쿨' 안수현 대표이다. 다수의 사람의 얼굴을 맞대지 않은 온라인 공간에서 이끄는 것에 대해 틀을 잡아 나갔다. 카카오톡 오픈 단톡방에 스터디를 위한 방을 마련했다. 그 안에 모일 사람들에게 50일 동안 주어질 태스크들을 정리했다. 그리고 강의를 준비했다.

어느새 스터디에 임하는 나만의 '쏠공스 사명'이 생겼다.
"인스타그램에서 새로운 활력을 찾고 싶은 사람들에게, 나와 함께 한다면 공동구매 셀러로 시작하는 길을 더 쉽게, 편하게, 든든하게 '프리패스' 하기를"

공동구매를 시작 전 준비해야 하는 사항부터, 시작을 어떻게 해야 하는지. 공동구매 셀러로 인스타그램을 다시 세팅하는 방법과, 피드 글을 어떻게 작성하면 더 유입과 구매력을 올리는지. 인스타그램에서 하면 안 되는 주의사항들과 조금 더 효율적으로 나를 보여줄 방법들. 나는 이미 겪었지만, 알고 있으면 피할 수 있는 조심스러운 부분들까지.

나의 이야기를 듣는다면 더 쉽게 시작을 알 수 있고, 겪지 않아도 되는 상황은 피할 수 있도록. 꼼꼼하게 준비했다. 그리고 이 모든 건 함께 하는 동료와 든든한 조력자가 있다면 그 힘은 배가 될 것이라 믿었다.

내 스터디는 그냥 강의를 위한 곳이 아니었다. 단순히 내가 아는 걸 전달하고, 내가 겪은 걸 들려주는 것에서 그치지 않기를 바랐다. 듣고 배운 것을 바로 내 것으로 익혀서 스스로 두 발로 서는 수강생들이 되길 바랐다. 바로 내 것으로 익히지 않으면 사라질 뿐이다. 내가 도와줄 수 있는 상황에서 부담 없이 실전을 겪어보게 해주고 싶었다.

그래서 많은 업체와의 협업이 필요했다. 더 많고 다양한 제품들로 스터디 수강생분들이 공구를 경험해 보실 수 있도록. 시작이 어려울 수 있지만 일단 시작하고 나면 그 후로는 길이 보이기 마련이다. 그게 내 마인드라서. 나 스스로에게도 마찬가지였다. 일단 해보자.

내가 알고 있고, 나와 일을 했고, 나를 지켜봐 온 많은 업체에 연락을 돌렸다. 내 경우는 좀 특이했다. 나는 공동구매 중개 판매 업체가 아닌 개인 셀러였다.

그리고 공동구매 경험이 많은 셀러들을 연결하는 것이 아니었다. 처음 공구를 진행하는 분들이 대부분인 스터디에 제품을 맡겨주십사 하는 연락이었다. 온전히 나를 믿고 내가 책임져야 하는 부분이었다. 분명히 서로에게 좋은 시너지효과가 있을 거야. 난 그렇게 생각했다. 나의 그런 긍정 마인드에 손을 잡아준 업체들이 많았다. 또 한 단계의 탄탄한 준비가 끝났다.

그렇게 '쏠라 공구 스터디'의 시작을 알리는 모집 글을 올렸다. 그동안 내 공동구매 과정들을 보셨던 분들, 또는 피드를 보고 소개를 받은 사람들까지 생각보다 많은 분이 공구 스터디에 관심을 보여주었다. 공구를 해보고 싶었는데 물어볼 곳도 없었고, 물어보기도 조심스러웠었다며 반가워하기까지 했다.

집에서 아이만 키우며 자신감이 떨어졌는데, 기를 펴고 싶다는 연락도 왔다. 바로 내가 원하는 가려운 부분이었다. 신청하는 분들도 설레고, 나의 닉네임을 건 공구 스터디 1기를 준비하는 나도 너무 설레는 시간이었다. 그렇게 '쏠라 공구 스터디 1기'를 시작했다.

 "쏠라님 덕분이에요!"

아이들이 어린이집을 간 시간 동안 나는 내 공구 진행과, '쏠라 공구 스터디'를 챙기며 바쁘게 일하는 엄마가 되었다. 소파 옆 한편에, 작은 간이 책상을 하나 두었다. 강의안을 만들고 스케줄을 관리할 내 노트북과 다이어리가 전부였지만, 내 첫 사무실이었다. 그게 그렇게 뿌듯했다.

그리고 그 사무실은 소파 옆 간이 책상에서, 아이들 방 책상으로 옮겨갔다가, 지금은 주방에 조금 더 넓어진 책상과 추가된 키보드와 패드, 그리고 자료들을 꽂아 두는 책장으로 완성되었다. 그리고 드디어 무급 육아휴

직으로 연장해 오던 회사에서 퇴사했다. 하나의 끝은 항상 또 하나의 시작이었다.

공구 스터디에는 육아맘, 직장인, 워킹맘, 개인 사업을 하시는 분까지 정말 다양한 사람들이 모였다. 공동구매를 전혀 모르는 분들도 있고, 혼자서 해오고 있지만 정보와 도움이 필요한 분들도 있었다. 모두가 자신의 시간을 내어 또 하나의 파이프라인, '나만의 비즈니스'를 찾아 온 것이었다. 내가 쏠공스를 시작할 때 다짐했던 사명처럼, 나를 찾아온 분들은 시작부터 쉽고, 나와 동료가 있어 든든하도록 챙겼다.

공구를 해오면서 좋은 일만 있었던 건 당연히 아니다. 상냥하지 않게 나를 대했던 업체, 판매량으로 다른 셀러에게 내 이야기를 한 업체, 판매 수익에서 이것저것 '벼룩의 간'까지 다 셀러한테 부담하게 한 업체들까지. 모르면 당하는 그런 일을 겪었다. 나는 회복력이 좋은 편이었지만, 나의 '쏠공스' 수강생분들은 미리 단단하게 해드리고 싶었다. 그럴 때 대처 방법과 마인드 세팅까지 다 전했다.

'바로 실행하지 않으면, 교육만 듣는 건 자기 것이 되지 않는다!'라는 생각이 옳았다. 교육을 듣고 나면 바로 실전 공구를 진행해 볼 수 있도록 도왔다. 스터디가 끝날 때 마다 이 부분을 제일 만족했다는 피드백을 받았다. 내가 수강생들에게 제공할 수 있는 제품이 40종이 넘었다.

그동안의 내 시간과 손품, 발품의 결과가 사람들에게 또 다른 시작을 줄 수 있는 자원이 된 것이다. 교육 후 원하는 제품을 선택하면, 나는 그 제품의 샘플들을 지원해 줬다. 제품을 따로 구매하도록 할 수도 있었지만, 공구 시작의 장벽을 최대한 없애주고 싶었다.

강규형의 ≪성과를 지배하는 바인더의 힘≫에 나온 사례처럼 나는 지식근로자였다. 나의 경험을 바탕으로 창출해 낸 지식을 동료들에게 전파함으로써 조직 전체의 생산성을 올린다. 그리고 그렇게 공유한 지식이 적용되도록 '시스템'과 '훈련'을 둘 다 충족시키는 50일 실전 스터디였다.

스터디 비용을 올리라는 조언도 있었다. 아무래도 내키지 않았다. 내 마음속 성공과 만족의 정의가 정해진 것 같았다. 부담 없이 다 겪고 넉넉하게 끝내셨으면 하는 마음이었다. 50일 동안 교육과 공구 실전을 위한 최소한의 비용을 받고, 최대한으로 지원해 드리고자 했다. 내가 받는 금전적인 이익보다, 만족감이 더 좋았다.

스터디를 운영하면서 당연히 내 공구 진행도 꾸준히 해왔다. 내 공구 달력과 수강생분들의 공구 달력으로 가득 찬 시간이 이어졌다. 스터디를 이끈다고 해서 그들보다 월등히 앞서 다 일을 끝낸 선생님이 아니라고 생각한다. 나도 같은 셀러로 끝까지 같이 겪을 것이고, 그 과정에서 또 내가 먼저 알아내는 게 있다면 바로바로 전달해 주고 싶었다. 하나를 끝내고 접고 다음 단계로 넘어가는 게 아니다. 나는 진짜 오래 꾸준히 버티는 걸 잘한다. 그 모습을 보고 다들 멈추지 않기를 바랐다.

새로운 도전을 위해, 같은 목표를 위해 모인 사람들과 함께 할 때의 에너지는 혼자 하는 때와는 확실히 달랐다. 그리고 내가 리더로 있고, 나를 보고 모인 이 사람들을 이끈다는 건 엄청난 책임감과 애정이 담기는 일이었다. 신기하게도 매 기수 모집할 때마다 항상 새로운 인원들이 찾아왔고,

나와 함께 계속해 보고 싶다고 재수강을 여러 번씩 하시는 분들도 있었다. 그리고 시간이 지나면서 한 분 한 분 나와도 깊어지는 분들도 생겨났다.

내 덕에 인스타그램 하는 재미가 생기셨다는 분, 다음 달, 다 다음 달까지 일정이 잡힐 정도로 공구 제의가 많이 들어왔다는 분, 올해 가장 잘한 일 TOP3에 '쏠라 공구 스터디'가 들었다는 분, 나만 알고 싶은 강의지만 주변에 진심으로 소개하고 계신다는 분, 육아만 하느라 남편과도 사이가 안 좋았는데 활력을 찾고 가정에도 평화가 찾아왔다는 분. 내가 받는 감사 후기들이 하나씩 쌓이고 있었다.

업체와 수강생들 중간에서 공구 일정과 진행 상황을 전달하고 함께했다. 제품 선택하는 것부터, 공구 일정을 잡고, 피드 글과 사진까지 도움이 필요한 시간엔 항상 내가 있었다. 원하는 제품이 있으나 소싱에 용기가 없어 시도를 못 해보고 있는 분을 도와 대신 소싱 후 공동구매 연결을 해드렸다.

공구가 처음인 업체를 만났는데, 셀러가 같이 헤매면 안 되는 상황이니, 내가 중간에서 조정을 해주었다. 팔로워 수가 적지만 개인적인 커뮤니티에서 두각을 드러내는 분의 공구는 오프라인에서 진행하시도록 도왔다. 부당한 업체의 조건을 물어보는 수강생분이 피해를 보지 않도록, 내 경험적 노하우를 전했다. 나는 단지 공구 강의를 하는 사람이 아닌, 내 수강생분들의 공구 파트너였다.

나와 타깃이 다른 사람, 내가 해보지 못한 제품을 공구하는 사람, 나와는 다른 직업을 가진 사람들이 모여 있었다. 난 일방적인 공구에 대한 정보를 전달하는 것에 그치지 않고, 그들의 공구 셀러로서의 성장을 응원하고, 현재 상태를 코칭 해주어야 했다.

개개인에게 맞을 제품을 추천해 주고, 찾아주었으며 그들의 롤 모델이 될 계정들을 내가 찾아 공부하고 코칭 해주었다. 나의 코칭을 듣고 해답을 얻고, 새로운 파이프라인을 찾은 분도 있었다. 또 다른 나의 재능 발견이었다. 사람들에게 새로운 인사이트를 줄 수 있었다.

수강생의 첫 공구에서 매출 240만 원이 나왔다. 물론 그건 그 수강생의 능력이었지만, 그 시작이 나였다. 그걸 기점으로 지금도 꾸준하게 제2의 삶을 살고 있다는 것이 나도 마음이 벅차다.

나와의 공구 진행을 시작으로 점점 공구 경험을 쌓던 중 처음으로 235,000원이 입금되었다며 나에게 감사 음료를 보내는 분도 있었다. 아이 셋을 키우며 지친 일상을 보내다 내 스터디로 인스타그램을 시작하신 분이 있다. 인스타그램을 시작 후 꾸준하게 나와 함께 하고 있는데, 이제는 어느새 업체의 '앙코르' 공구 제안에, 더불어 판매를 100건 가까이 내고 있다. 엄마가 삶의 활력을 찾으니 아이들 육아에도 긍정적인 영향이 있다고 했다. 다들 나와 같은 시작을 하고 있었다.

쏠라 공구 스터디 수강생분들은 나로부터, 그리고 서로로부터 자극받고 성장을 할 수 있었다고 했다. 서로 응원하고, 잘 됐을 때 축하하고, 조금 어려워할 땐 위로하고 격려를 하는 이 커뮤니티가 너무 좋다고 했다. 나에겐 아이를 키우면서, 자기 관리를 하면서, 공구를 하면서, 스터디를 운영하는 모습을 보고 자극을 받는다고 했다. 이런 커뮤니티를 만들어 준 것에 대해서도 감사를 받았다.

나 역시 그동안 내 공구를 혼자 하는 것에서 엄청나게 확장된 일들을 해낼 수 있게 되었다. 내가 공동구매 스터디를 운영하고 있다는 걸 보고 협업을 제안하는 업체들도 생겼다. 많은 이들의 가운데서 내가 줄 수 있는 또 다른 영향력을 계속해서 생각해 볼 수 있었다. "제2의 삶을 살고 있어요. 이게 다 쏠라님 덕분이에요." 그 말은 나에게도 또 다른 시작을 응원하는 감사한 힘이 되었다.

 조급함은 실패를 낳는다.

"어떻게 하면 판매가 많이 될까요?" "저도 공구로 돈을 벌 수 있을까요?" 나한테 들어오는 질문들이다. 그리고 이 질문들과 함께 따라붙는 또 다른 질문들이 있다. "댓글 소통을 꼭 해야 할까요?" "소통이 제일 시간이 많이 드는데, 어떻게 하면 빨리 팔로워를 늘릴 수 있을까요?"이다.

나는 스터디 초반에 후자 질문 자체를 이해하지 못했다. "당연하고, 하면 되는데 왜 물어보는 것일까?" 정말 그렇게 생각했다. 나는 항상 멀리 봤기 때문에, 눈앞에 있는 단계는 당연한 작은 계단들로 보였다. 하나씩 올라가면 되는 자연스러운 것들이었다.

그 후로 나는 수강생들한테 공동구매를 하는 방법만 알려주는 게 아니라, '마인드 컨트롤'도 항상 함께 말하고 있다. 실제로 그동안 내가 겪었던 수강생 중에도 조급함이 보였던 분들이 안타깝게 중도 포기하고 인스타그램에서 사라지신 분들이 많다. 그분들은 이렇게 말했다. "이전 공구 때보다, 이번 공구 판매량이 줄어서 공구를 그만해야 하나 생각이 들어요." "이번이 세 번째 공구인데 판매량이 늘지 않네요. 인스타그램은 저랑 안 맞나 봐요."

내가 인스타 수익화를 잘못된 부업으로 시작하려다 크게 겪었던 것과 같다. 조금의 실수나 내리막길 없이 단숨에 멀리 있는 성공만 보려 하면 조급해진다. 그리고 그 조급함은 더 큰 실수를 만들고, 스스로 앞을 더 내다보지 못하는 벽을 만들어 포기하게 한다. 누구나 실패를 하고, 실패를 더 많이 하는 사람도, 더 적게 하는 사람도 있을 것이다.

한 번, 두 번 넘어지는 걸 줄여주는 것이 스터디 내 나의 역할이지만, 세 번, 네 번 마인드를 잡는 건 본인의 몫이다. 지금 본인의 위치에서 해야 할 일들과 만나게 되는 실수들은 밟고 올라가야 하는 계단으로 봤으면 좋겠다.

당장 손에 잡히지 않는 목표만 보느라, 눈앞에 바로 할 수 있는 것들을 안 한다면, 절대 멀리 갈 수가 없다. 무엇이든 자신만의 최종 목표를 잡았다면, 그전 세부 목표들부터 하나하나 이루어 가는 것에 성취감을 느꼈으면 좋겠다. 그 세부 목표들은 본인의 상황에 따라 다 다르니 남과 비교할 일도 없다.

도와줄 수 있는 조력자, 상호성장을 돕는 동료들을 만들면 훨씬 더 빠르고 곧게 갈 수 있다. 그게 내가 믿는 커뮤니티의 힘이다. 하지만 이 안에서도 여러 경험을 하면서 자신에게 필요한 것을 분별하고 취득하며 나만의 강점을 찾을 수 있을 것이다.

나와 잘 맞는 것을 잘하는 것이 중요하다. 나도 많은 공부를 하고 다양한 플랫폼도 시도해 보고 다른 사람들이 잘 해내는 것을 봐왔다. 그리고 나에게 탁월한 것은 인스타그램이었다. 인스타그램도 끊임없이 변화한다. 변화에 맞춰 흐르면 된다.

앞으로 생길 어떤 변화든 나는 또 시도할 것이다. 내 것이 된 경험을 다른 사람들에게 전하는 것 역시 나의 큰 달란트이다. 매 기수마다 업그레이드되고, 항상 새로운 것이 나온다는 수강생분들의 후기가 그렇게 나온 결과였다. 나와 잘 맞고 잘하는 것을 찾아 하는 것이 성장의 큰 원동력이 된다.

내가 성공해서, 이미 다 완성이 되어서, 엄청나게 잘해서 시작했던 스터디가 아니었다. 같은 위치에서 내가 조금 더 먼저 해본 걸 알려드리고 싶었다. '쏠공스 15기'를 운영하는 지금의 나도 그런 생각을 여전히 하고 있다. 인스타그램에서 수익화하기로 했고, 그걸 다른 사람들에게도 전달하고 응원하는 사람이 되었다.

그리고 더 잘 이끌기 위해서는 지금도 나는 끊임없이 공부해야 한다고 생각한다. 내가 앞으로 할 수 있는 것들은 너무나 많고, 갈 길은 멀다. 그리고 그 과정이 하나도 지루하거나 조급하지 않다.

"천천히 가는 것을 두려워 말고, 가다 멈추는 것을 두려워하라"라는 말이 있다. 나는 어릴 적부터 나의 아버지에게서 이 말을 많이 들어왔다. 그 덕에 나는 무언가를 시작하면 꾸준히 오래 하는 데는 정말 자신이 있다.

오히려 단기 다이어트처럼, 내가 원하는 걸 다 포기하면서 독하게 짧은 시간에 해내 버리는 건 못한다. 다만 목표를 잡고 시작했다면, 내 페이스대로 내 스타일대로 즐기면서 오래 해내는 건 잘할 수 있다. 그리고 스터디 수강생분들한테도 말한다. "우리 오래 봐요. 중간에 사라지지만 말아요."

 나 안보미, 엄마, 그리고 쏠라의 균형 잡기

공구스터디가 자리를 잡고 나니, 내 욕심도 의지도, 나에게 주어지는 기회도 넘쳐났다. 나는 인스타그램 마케팅뿐 아니라, 다른 플랫폼들까지 SNS 마케팅을 공부했다. 또 다른 온라인 수익화 파이프라인을 구축하고자 블로그 강의를 듣고 스터디에 참여했다.

스마트스토어 강의를 듣고, 스토어를 운영하는 사람들의 단톡방에도 참여해서 조언도 얻었다. 카카오 뷰가 새로 나오자마자 강의를 듣고 챌린지에 참여해 수익화를 해봤다. 릴스와 틱톡이 대세인 지금 영상을 만들어 올리는 것도 시도해 봤다. 무엇이든 기회가 오고, 내가 더 해낼 수 있는 걸 찾기 위해 시도하고 시작했다.

자기관리도 해야 했다. 운동도 틈틈이 하며 지냈고, 뷰티 제품들을 사용하며 달라지는 변화도 체크했다. 나를 꾸미며 내 만족을 위한 시간도 빼놓을 수 없었다. 읽어나가는 자기계발서 들도 늘어났다. 육아를 끝내고 깜깜한 집 한켠 책상 불빛 속에서 다양한 강의를 듣고, 책을 읽느라 수험생처럼 쪽잠을 자며 지낸 날들이 몇 달간 이어졌다. 그렇게 '쏠라'로 일을 하고, 나 안보미로 행복을 틈틈이 챙겼지만, 제일 중요한 것이 있었다.

내가 회사를 퇴사하고 집에서 하는 일을 선택한 제일 큰 이유, 나의 아이들이었다. 아직 어린 내 아이들에게는 엄마의 손길과 시간이 많이 필요하다. 잠을 줄이면서까지 내 발전을 위해 시간을 쓰던 시기에 엄마로서의 내 역할까지 완벽할 수 없었다. 피곤하고 여유가 없어진 엄마, 아이들을 보는 시간에도 내 할 일이 머릿속에 자리 잡은 엄마. 여지없이 아이들한테도 영향이 갔다. 균형을 잘 잡는 게 필요하다는 걸 깨닫게 되었다.

팀 페리스의 ≪나는 4시간만 일한다≫를 읽고, 시간의 효율에 대해서 다시 생각해 보고 적용하기로 했다. 그리고 그즈음 우연히 '3P 바인더'라는 것을 알게 되었다. 시간과 나를 세 가지로 쪼개 관리를 했다.

'엄마'로서의 내가 해야 하는 아이들을 챙기고 집안일을 하는 시간, '쏠라'가 되어 콘텐츠를 만들고 커뮤니티를 이끄는 일을 하는 시간, '안보미' 나 자신을 내적, 외적으로 빛나게 하는 자기 계발의 시간을 나눴다. 그 안에서 우선순위를 정하고 집중할 것들을 선택했다. 그 덕에 버려야 할 것과 줄여야 할 것들을 정리하고 하루하루 세 가지 역할의 나로서 시간을 보낼 수 있었다.

"아이들 육아하면서 공구도, 공구스터디까지 쏠라님의 시간은 왜 나와 달라요?" 이런 질문도 많이 받는다. 계획을 세우고 해야 할 세부적인 일과 시간을 쪼개보라고 말씀드리고 싶다. 스케줄러 작성하는 것을 좋아하고 바인더에 관심이 있는 분이라면 ≪성과를 지배하는 바인더의 힘≫, ≪변화와 성장의 골든키 3p 바인더≫를 추천한다.

나에게 주어진 시간과 에너지를 효율적으로 쓰는 것 자체가 중요하다 미리 세운 계획에 차질이 생겨도 스트레스받지 않는 나만의 노하우가 있다. 그것은 '엄마의 삶'에서 일어나는 변수들에 대해 늘 초연하게 대응하는 것이다.

하지만 SNS활동에서는 그 초연함을 잃을 때가 많았다. 특히 인스타를 운영하면서 언제나 모든 사람을 기쁘게 하려고 노력하는 나 자신을 발견했다. 고객들이 나의 서비스에 만족하지 못할 때는 상처를 받기도 했다.

고객들의 작은 메시지 하나에도 일희일비하는 나를 발견했다. 모두가 나로 인해 기쁠 수 없다는 것을 받아들이고, 먼저 손을 내밀고 도와준다는 마음으로 해결 방안을 모색했다. 그렇게 나를 단련시킨 결과 공구스터디를 장기간 운영할 수 있었다.

공구 스터디를 15기 동안 진행해 오면서 수강생은 100여 명 정도 모아졌다. 고객의 소리와 의견에 귀를 기울이고 고객의 갈증을 해소해 주는 방법들을 찾아 도움을 주고 있다.

 시작을 하면 길이 열린다.

무엇이든 그렇다고 생각한다. 시작이 신중해야 하는 건 맞지만, 적어도 내가 할 수 있는데 안 할 이유는 없다고 본다. 나는 대학생 때도 전공 외

다른 분야에 도전했었다. 회사에 다닐 때도 업무 외에 새로운 걸 항상 시도했었다.

아이들을 키울 때도, 아이들이 해보려는 것을 많이 제지하지 않는다. 일단 해봐야 느끼는 것도 있고, 앞으로 갈 길도 보일 것으로 생각한다. 사람마다 다르니, 완벽하게 준비가 된 후에, 제대로 진행해야 하는 사람도 있을 것이다. 나는 결심이 서면 우선 실행하는 편이고, 그 후 다가오는 순간마다 내가 가진 '파워 긍정 마인드' 덕에 하나씩 좋은 경험으로 쌓을 수 있었다.

인스타그램에서도 마찬가지다. 이제 인스타그램은, 그리고 또 다른 SNS들은 단순한 일상 공유만 하는 곳이 아니다. 나를 나타내고, 내가 할 수 있는 걸 펼치는 장이 되었다. "제 인스타그램 방향을 못 잡겠어요."라고 스터디 수강생들이 많이 물어보곤 한다. 스스로 질문하고 답을 하며 방향을 잡을 수 있도록 도움을 주었다.

그래도 너무 오래 고민하는 분들한테는, 내가 생각하는 방안을 제시를 해주고 뭐든 일단 시작해 보라고 하고 있다. 시작해 보면 또 다른 길이 보인다. 그때 바꿔서 다시 시도하는 것이 고민하느라 아무것도 안 하는 것보다 훨씬 낫다고 믿고 있다.

나에게도 인스타그램은 다시 나를 찾게 해주었고, 회사를 그만두고도 할 수 있는 내 일을 찾아주었고, 내가 할 수 있는 능력을 더 발견하고 확장하게 해주었다.

그리고 그 나의 변화는 내 가족과 지인들에게도 좋은 영향력을 줄 수 있었고, 이제는 떼려야 뗄 수 없는 인스타그램 속 내 친구들에게도 많은 영향력을 줄 수 있게 해주었다. 인스타그램이 아니더라도, 다른 사람들이 하고 있는 것, 또는 하고 있지 않은 것에 대해 시작하는 것을 고민하고 있다면, 뭐든 해보시라고 말씀드리고 싶다.

모든 것은 나의 능동적인 결정이었다. 잘못된 선택을 했었어도 올바른 길을 찾아 다시 인스타그램을 시작했다. 들어온 기회를 놓치지 않고 곧바로 공동구매를 시작했다.

자만하지도 위축되지도 않고, 내 위치를 분명하게 알며 당당하게 '쏠공스'를 시작한 것을. 그 모든 것을 판단하고 결정한 스스로 칭찬한다.

정말 신기한 것은 지금 내가 이 책을 쓸 수 있도록 이끌어 준 '윤서아 코치'를 '쏠공스'에서 만났다는 것이다. 윤서아코치는 이미 '재노스쿨'을 이끌고 있었음에도 발전과 공부에 본인의 높낮이를 절대 선 긋지 않았다. 내가 그녀를 모를 때, 그녀가 나를 찾아 쏠공스 수강생으로 들어왔었다. 그리고 나도 그녀를 알아봤다. 그 인연의 손을 놓지 않고, 나도 그녀에게서 배움을 이어 나갔다. 그런 기회로 이 책을 쓰게 됐다. 무엇이든 시작은 길을 열어준다.

팀 페리스는 그의 저서 ≪나는 4시간만 일한다≫에서 '언젠가라는 말은 당신이 꿈만 꾸다가 생을 마감하게 할 병이다'라고 언급한 바 있다. 당신이 결국에는 그 일을 원한다면 지금 바로 시작하라.

이은하

전국 방방곡곡을 누비며 핸드폰 한 대로 네이버 쇼핑라이브 1,000회 방송을 앞둔 쇼호스트 겸 재노스쿨 라이브커머스 강사. 연 매출 2억을 올리던 잘나가는 오감발달 강사가 팬데믹으로 인해 하루아침에 백수가 되었다가 3년간 열공하고 주어진 기회에 최선을 다해 30분 완판 쇼호스트로 성장했다.
현재 2만 팔로워를 가지고 있는 대한민국 인플루언서협회 소속 인플루언서로 2022년 코리아세일페스타에서 숏폼챌린지 산업통상부 장관상을 받았다. 숏폼챌린지 대상을 받은 비법으로 투에이치 클래스에서 숏폼으로 브랜딩 하기 강사로 활동중이다.

2023년 인스타그램 2.3만 팔로워달성
2023년 재노스쿨 라이브커머스1급자격증 강사
2023년 투에이치클래스 숏폼브랜딩 강사
2022년 대한민국인플루언서협회 회원
2022년 코리아세일페스타 숏폼챌린지 산자부장관상 수상
2021년 네이버쇼핑라이브 962회 쇼호스트 진행

퇴근 후
온라인강사로
변신한 홍대리

Part 7

핸드폰 하나로 장관상 받은
라이브커머스 강사의 비법서

CONTENTS

나는 연 매출 2억의 잘나가는 오감발달 강사였다.

추락 아래에는 시작이 있다.

엄마의 바람대로 나는 45살에 쇼호스트가 됐다.

숏폼챌린지에서 산자부 장관상을 받은 쇼호스트가 되다.

장관상 받은 쇼호스트 자면서도 돈 버는 온라인 강사로 데뷔하다.

핸드폰 하나로 전국 방방곡곡을 누비는 쇼호스트의 꿈

나는 연 매출 2억의 잘나가는 오감발달 강사였다.

　코로나라는 팬데믹이 온 세상을 송두리째 바꾸어 놓았다. 팬데믹이 오기 전, 수원시 아이맘까페를 시작으로 경기도 공공기관에서 오감발달 강사로 10년간 활동하였다. 개인사업자로 '아이재미'를 창업하고 연 매출 2억 원 이상 달성한, 소위 잘나가는 월 천 강사였다. 두 아이 엄마이자 커리어우먼으로 남들의 부러움을 사는 워킹맘이었다. 강사를 10명이나 파견하는 업체의 대표이기도 했다.

　2019년 수시 합격한 고3 아들과 처음으로 단둘이 유럽으로 여행을 떠났다. 프랑스, 이탈리아, 스위스 3개국을 여행했다. 파리 에펠탑에서 본 야경은 지금도 잊히지 않는다. 루브르 박물관에서 본 모나리자, 비너스, 니케 등 명화를 통해 오감발달 강의에도 영감을 받았다. 프랑스 세느강을 따라 이동하는 야간 유람선 코스는 단연 최고였다. 머리 위로 쏟아지는 이슬비와 프랑스의 아름다운 건축물들을 비추는 불빛들이 어우러져 멋진 밤을 선사했다.

　프랑스 다음 여행지는 이탈리아의 로마와 베네치아였다. 딱 10년 전 이 분수에 동전을 던지며 다시 로마에 오게 해 달라고 했던 내 소원이 이루어진 셈이다. 이번에는 아들과 트레비분수에서 동전을 던졌다. 수상도시 베네치아에서 바라본 도시풍경과 아름다운 노을은 행복 그 자체였다. 곤돌라와 모터보트를 타며 2010년 개봉했던 〈투어리스트〉가 생각났다. 조니뎁과 안젤리나졸리처럼, 아들과 나는 실컷 수상도시를 누비며 관람했다.

마지막 여행지는 스위스였다. 케이블카를 타고 뮈렌산 꼭대기에서 눈이 내린 풍경을 보며 따뜻한 커피를 마셨다. 아직도 그 추위를 녹여주던 따뜻하고 향긋했던 커피 향이 생각난다. 아들은 창피하다고 말렸지만, 뮈렌 산 정상에 쌓여있는 눈 위에 누워서 영화 〈러브스토리〉의 한 장면을 따라 해 봤다.

내겐 버킷리스트였던 눈밭에 드러눕기를 스위스에서 하고 왔다. 이를 통해 아들 또한 엄마는 못 말린다는 교훈을 얻게 되었다. 이 여행으로 아들과 단둘이 소중한 시간을 보낼 수 있었다. 우린 서로 수많은 새로운 경험을 함께하며 많은 것을 배웠다.

같이 못 온 가족들, 동료들, 지인들 생각에 면세점이나 상점을 보는 족족 선물을 샀다. 선물비용만 족히 천만 원 이상 지불했다. 원도 한도 없이 실컷 샀다. 아무 생각 없이 선물들을 사는 바람에 입국할 때 수화물 초과와 관세로 큰 비용을 지불해야만 했다. 그때 나에겐 전혀 문제 되지 않았다. 작년보다 파견 업체가 두 배 이상 늘었기 때문에 당당히 지불했다. 정말 팬데믹이 코앞이었는데 그것도 모르고 겁도 없이 돈을 썼다.

한 치 앞도 모르는 나였다. 돈은 언제든 원하는 만큼 벌 수 있을 거로 생각했다. 그래서 소비를 절제하지 않았다. 3년이 지난 지금까지 후회하며 살고 있다. 그때 그 돈으로 주식투자를 했더라면 좋았을 것을 하면서 말이다. 아들과의 유럽 여행을 다녀온 지, 바로 한 달 뒤에 나는 백수가 되었다. 팬데믹 때문이었다.

천직이라 여겼던 오감발달 강의는 어디에서도 찾지 않았다. 세상이 이렇게 야멸찰 수가 있나? 그동안 나의 성과는 무엇이었나? 회의감이 밀려왔다. 내가 놓친 것이 무엇인 걸까? 세상에 대한 분노와 원망이 커져만 갔다.

10년이 넘게 한결같이 최선을 다해서 키워온 내 '아이재미'가 하루 아침에 출강할 곳을 잃었다. 나와 함께 하던 10명의 선생님도 다 이직하고 나 홀로 남았다. 그땐 나만 남겨두고 떠난 선생님들이 너무 야속했다. 코로나가 3년 이상 갈 줄 몰랐기 때문이다. 지금은 일찍 이직해 준 선생님들께 감사할 따름이다. 안 그랬음 더 큰 손실이 일어났을 테니 말이다. 이때 내 나이가 44살, 천직으로 여겼던 오감발달 강사 일 외에는 아무것도 할 줄 모르는 오롯이 민우, 시우 두 아이의 엄마일 뿐이었다.

백수가 되어 경제력을 잃고 난 후 시간이 갈수록 나는 점점 더 경제적으로 힘들어졌다. 남편보다 잘 벌었던 시절 나도 남편도 재테크할 줄 모르고 버는 족족 다 썼기 때문이다. 둘이 벌다가 외벌이가 되니 시간이 갈수록 대학생과 고등학생을 둔 4인 가족 생활비도 감당이 안 됐다. 어느 날 통장 잔고가 0원, 카드는 한도 초과라 돈이 없어서 밖에 나갈 수도 없었다. 카드사에서, 핸드폰 회사에서 연체금 납입 재촉 전화와 독촉 문자가 빗발쳤다.

40대 중반인 나는 코로나 때문에 내 생에 가장 힘든 나날을 보내야만 했다. 40대 중반이라는 나이와 내가 할 수 있는 일이 없다는 것이 중압감으로 다가왔다. 한동안 좌절의 늪에서 허우적거리며 '내일 아침 눈뜨지 말게 해주세요.' 그렇게 주님께 기도하며 잠들기를 반복했다. 무기력감과 우울증은 나를 깊은 침체기로 몰아넣었다. 시체처럼 멍하니 하루를 지낸 적도 있다. 매 순간 억울하고 분하고 눈물이 났다.

지금, 이 상황이 된 건 코로나 때문이고 난 잘못한 게 없다고 생각했기 때문이다. 그래서 나는 계속 끝도 모르는 아래로 추락하고 있었다. 어느 날 어지럽혀진 우리 집과 이쁘고 사랑스러운 내 아이들이 보이기 시작했다. 그 순간 '난 엄마야! 정신 똑바로 차리고 이젠 위로 올라가야 할 때야'라고 말하는 내 안의 목소리가 들렸다.

추락 아래에는 시작이 있다.

나의 추락 아래는 무엇이 있을까? 캄캄하고 길이 없는 이 상황에서 나는 어떻게 벗어날 수 있을까? 고민하던 그때 MKYU 김미경 학장의 ≪리부트≫라는 책이 눈에 들어왔다. 쿠팡 로켓 배송으로 책을 받자마자 3시간 동안 단숨에 읽었다. 2013년 김미경 학장의 파랑새 강의를 텔레비전으로 듣기 시작하면서 팬이 되었다. 김미경 학장의 한마디 한마디가 가슴에 와닿았다. 그래서 유튜브로 파랑새 강의를 전부 다 챙겨 듣다 보니 소위 말하는 '찐 팬'이 되었다.

아이돌처럼 김미경 학장을 보겠다는 일념 하나로 수도권 오프라인 강의마다 쫓아다녔다. 김미경 학장의 'Talk and show'에서 '10년 후 그날을 위해'라는 꿈 주머니까지 갖게 되었다. 왜 나는 코로나 팬데믹으로 하루아침에 추락하게 되었을까? 내 삶을 비관하면서 우울하게만 보냈을까? 나의 멘토이자 스승을 찾아보겠다는 생각은 왜 하지 못했을까? ≪리부트≫ 책을 읽고 제일 먼저 한 것은 화장대 서랍 속에 넣어둔 '꿈 주머니'를 꺼내보는 일이었다.

'꿈 주머니'를 받았을 때가 떠올랐다. 오감 발달 '아이재미' 창업 초창기, 두 명의 파견 강사와 회식 대신 'Talk and show'에 참석했다. 이런 사연을 들은 김미경 학장은 나에게 깨어있는 좋은 오너라고 칭찬해 주었다. 멘토에게 칭찬받던 멋있던 나는 어디로 갔을까? 울고 화내고 짜증 내며 바닥으로 추락해서 절망감 속에서 허우적대고 있었던 지난 시간이 후회되었다.

《리부트》 책을 읽고 제일 먼저 거울 속에 보기 싫은 뚱뚱한 나를 바꾸기 위해 만 보 걷기를 시작했다. 마스크를 쓰고 걷는 게 처음에는 숨도 차고 귀도 아프고 너무 불편했다. 하지만 비가 와도 우산을 쓰고 걸었다. 하루라도 멈추면 다시 예전으로 돌아갈 것만 같아 두려웠다. 만보를 걷다 보니 답답하고 억울하고 분했던 감정들로 시끄러웠던 내 맘이 점차 시간이 갈수록 고요해졌다.

매일 만 보를 걸으니 푸석푸석하고 어두침침하기만 했던 내 얼굴에 생기가 돌며 홍조가 생겼다. 이젠 다시 시작할 체력도 마음의 힘도 길러졌으니, 뭔가를 시작해야만 했다. 무엇부터 시작할까 고민하다가 일단 온라인 강의부터 들었다. 처음 강의를 들으며 주어진 과제를 기한 내에 해낸다는 게 버겁기만 했다. 그래서 자꾸만 미루고 싶은 게으른 마음이 생겨났다. 다시 올라가고 싶었기에 과제가 맞는지 틀리는지는 중요하지 않았다. 무조건 기한 내에 끝내야만 했기에 이를 악물고 해냈다.

인스타그램 온라인강의에서 팔로워가 3,000명만 되어도 찐 소통을 하고 있다면 공동구매로 수익을 낼 수 있다고 했다. 그래서 2016년도에 가입만 해놓고 안 하던 인스타그램을 다시 시작했다. 코로나로 인해 백수가 된 나에게 다시 시작할 수 있는 유일한 수익 창출 방법이었기 때문이다. 나의 팔로워는 겨우 몇백 명이 다였지만 수익을 창출할 수 있다는 말에 혹해서 팔로워를 늘리기 시작했다.

지난 3년간 인스타그램에 매일 1개 이상의 피드를 올렸다. 하루 10시간 이상을 인친들과 소통하다 보니 손목터널증후군이라는 지병도 얻었다. 지병까지 얻으며 노력한 결과, 나는 2.3만 팔로워 인플루언서가 됐다. 버는 족족 다 썼던 맞벌이 부부가 외벌이가 된 지 1년이 다 되어가니 가정경제가 말이 아니었다. 날이 갈수록 생활도 궁핍해졌기 때문에 수익 창출이 시급해졌다. 그래서 팔로워가 2,500명이 되었을 때 앞뒤 가릴 것도 없이, 공동구매에 대해 무지했으면서 맨땅에 헤딩하듯 공동구매를 시작했다.

손목터널 증후군에 걸릴 정도로 찐 소통을 한 덕분이었을까? 신기하게도 첫 공동구매 상품이 잘 팔렸다. 살림에 보탬이 될 정도의 큰 수익 창출은 아니었지만, 중학생 딸아이 1과목 학원비 정도는 벌었다. 집에서 공동구매로 수익창출이 된다는 강사의 말이 사실이었다. 하지만 결국 '너도 물건 팔려고 소통한 거구나' 하며 실망한 인친들의 언팔이 생겼다. 공동구매를 해서 학원비는 벌었지만 찐 소통하던 인친들을 잃었다.

사람을 잃는 것이 가장 아픈 나였기에 팔이피플을 싫어하는 사람들은 처음부터 팔로워 하지 말라고 매주 공동구매를 진행했다. 매주 공동구매를 진행하다 보니 한 달에 한 번 공동구매를 할 때 보다 수익이 더 늘어났다. 일주일에 한 번씩 공동구매를 하다 보니 사진 찍고 동영상 찍느라 하루 24시간이 모자라서 3~4시간밖에 잘 수 없었다.

잠이 부족해서 쪽잠을 자긴 했지만, 수익이 늘어나는 재미에 힘든 줄도 몰랐다. 코로나로 백수가 되어 바닥으로 추락했던 나는 공동구매를 하면서 바닥을 짚고 위로 한 칸씩 올라가고 있었다.

엄마의 바람대로 나는 45살에 쇼호스트가 됐다.

어떻게 하면 공동구매 매출을 더 올릴 수 있을까? 돈이 절실하게 필요할수록 고민은 늘어만 갔다. 아무리 아껴 쓰고 안 써도 4인 가족 기본 생활비를 외벌이 남편 월급으로는 감당이 안 됐다. 매일 밤 수익을 늘리기 위해 고민하던 그때, 인스타그램에 라이브 방송이 생겼다. 많은 인플루언서들이 라이브 방송으로 상품들을 보여주며 공동구매를 시작했다.

다들 앞다투어 라이브 방송하는 이유가 있을 거라고 생각하며 무작정 그들을 따라서 했다. 라이브 방송이 처음이라 떨리고 두려웠다. 하지만 더 많은 돈을 벌기 위해 라이브 방송을 했다. 인스타그램 게시물만으로는 해소되지 않았던 인친들의 궁금증이 라이브 방송으로 해결이 되었다. 궁금증이 해결되니 자연스럽게 구매도 많아지고 매출도 점점 늘어났다.

라이브 방송 횟수를 늘리며 인친들과 소통했다. ≪아홉 가진 놈이 하나 가진 놈 부러워한다≫고 라이브 방송으로 공동구매가 잘 될수록 더 욕심이 생겼다. 더 잘 팔 수 있는 방법을 찾아 보다가 라이브커머스를 알게 됐다.

라이브커머스란 실시간 스트리밍을 통해 쌍방향으로 소통하며 상품을 판매하는 것을 말한다. 라이브커머스 공부를 시작할 때만 해도 1,000회 방송이 앞둔 쇼호스트가 될 줄은 생각도 못 했다. 잘 파는 기술만 배우고 싶었을 뿐이었다. 라이브커머스 교육을 받으며 잘 파는 방법을 배웠다. 교육 과정의 마지막은 방송 실습이었다. 2021년 6월 29일 서산 감자밭에서 아침 10시에 내 생애 첫 네이버 쇼핑라이브 방송을 했다. 이 실습 방송 후 나는 쇼호스트가 되기로 마음먹었다.

오감발달 강사가 됐을 때 나는 천직을 만났다 생각했다. 코로나가 와서 천직을 잃고 절망감에 허우적대며 바닥으로 추락했다. 바닥을 짚고 위로 올라가던 중 서산 감자밭에서 두 번째 천직을 만났다. 여름엔 한과가 열에 녹아서 홈쇼핑에서도 방송을 하지 않는다고 했다. 그런데 초여름 태양 아래에서 한과가 쭉쭉 늘어나는데도 방송을 진행했다. 실습생 주제에 찬밥 더운밥 가릴 처지가 아니었다. 이날 방송을 위해 열린 유아어린이집에서 색동 앞치마까지 빌려서 준비했다.

내 예상대로 색동 앞치마에 양 갈래머리 한 컨셉이 한과와 딱 맞아떨어져 매출이 좋았다. 운이 따라 줬는지 화요일에 네이버 쇼핑라이브 쇼호스트로 실습 방송하고, 일주일 후에 쇼호스트 채용 면접을 보게 됐다. 월요일 면접 보고, 수요일에 방송하게 되는 신기한 일이 일어났다. 입사하게 된 회사에서는 황금시간대인 밤 9시 방송이 많았다. 방송이 끝나고 뒷정리하고 지하철을 타러 가면 막차가 끊겨있었다.

어쩔 수 없이 택시를 타고 집으로 왔는데, 택시비가 출연료보다 더 많이 나왔다. 돈 벌려고 입사했는데 택시비 때문에 돈을 더 썼다. 결국 나는 점점 더 커지는 마이너스를 감당하지 못해서 퇴사를 결심했다. '프리랜서는 어떻게 시작하셨나요?' 하고 많은 분이 물어봤다. 내가 프리랜서로 일하게 된 이유는 단순했다. '택시비가 많이 나와서요' 였다. '프리랜서 쇼호스트로 시작이 어려웠나요?'라고 물어본다면 내 대답은 '쉬웠어요'이다.

인플루언서 쇼호스트였기에 방송 홍보는 늘 인스타그램으로 했다. 이 방송 홍보 피드를 본 많은 소상공인과 중소기업에서 DM으로 연락을 주셨다. 초보 쇼호스트였지만 신뢰도를 높이기 위해서 사용해 본 제품만 방송하는 것을 원칙으로 했다. 좋은 제품인지 검증이 끝나면 거리가 멀어도 마다하지 않고 다 방송했다. 그러다 보니 전국 방방곡곡을 누비며 방송하는 쇼호스트가 됐다. 성격상 단점인 거절을 못 하는 것 때문에 명절 전에는 하루 3번 방송을 해야만 했다.

하루 3번 방송은 나 홀로 쇼호스트로 성장하는 데 큰 발판이 됐다. 혼자서 방송 장비 세팅하기, 상품 디스플레이하기, 방송 진행하기, 방송 후 치우는 일까지 다 했기 때문이다. 그래서 PD, 푸드스타일리스트, 쇼호스트의 역할까지 1인 3역을 다 해내는 다재다능한 쇼호스트가 되었다. 전국 방방곡곡을 다니다 보니 운전 실력도 좋아졌다. 혼자 운전해서 완도까지 다녀왔고, 당일로 지리산 산청을 다녀오기도 했다. 무엇이든 꾸준히 자주 하면 실력이 되는 것 같다.

쇼호스트들은 대부분 본인에게 맞는 한 품목만 방송한다. 그래야 매출도 높고 방송이 쉽기 때문이다. 하지만 나는 좋은 제품이라면 품목을 따지지 않고, 전국 방방곡곡을 가리지 않고 다니며 900회 방송을 했다. 농수산물, 의류, 잡화, 식품, 주얼리, 뷰티, 생활용품 등 품목을 가리지 않고 모두 다 방송했다. 다양한 품목을 방송하려면 다 다르게 준비해야 해서 시간도 많이 들고 힘도 많이 들었다. 하지만 다양한 품목을 방송한 덕분에 각 상품마다의 판매 노하우를 알게 되었다.

이때 쌓은 노하우 덕분에 재노스쿨 라이브커머스 강사가 되어 수강생들에게 꿀팁을 무한 방출할 수 있게 됐다. 오감발달 강사 시절 엄마는 "우리 큰딸 말 잘한다고 홈쇼핑 쇼호스트 지원해 봐"라고, 자주 말씀하셨다. 그때마다 '엄마 큰딸 나이도 많고 얼굴도 안 예뻐서 안 돼요.'라고 말했다. 그러나 말하는 대로 이루어진다고, 엄마가 "우리 큰딸 쇼호스트 됐으면 좋겠다" 하고 늘 말씀하신 덕분에 나는 45살에 나이도 많고, 예쁘지도 않은데 엄마의 바람대로 쇼호스트가 됐다.

 숏폼챌린지에서 산자부 장관상을 받은 쇼호스트가 되다.

나는 2.3만 팔로워를 가진 인플루언서이다. 인스타그램에 1일 1피드를 올리기 시작한 지 15개월 만에 1만 팔로워가 되었다. 1만 팔로워가 되면서 대한민국 인플루언서 협회 소속 인플루언서로 활동하게 됐다.

인플루언서가 되면서 중소기업의 좋은 제품들을 협찬받고 있다. 협찬받은 상품을 써보고 솔직한 리뷰를 인스타그램에 올리는게 인플루언서의 역할이다. 인플루언서가 되면서 고가의 좋은 제품과 신제품을 제일 먼저 협찬받아서 쓸 수 있게 됐다. 40대 중반이라 안티에이징 화장품 위주로 협찬을 많이 받다 보니 동안 외모로 가꾸는데 돈이 안들어서 좋다.

이것이 인플루언서의 장점이다. 공동구매를 진행하며 인플루언서로 활동하는 사이 좋은 상품을 한눈에 알아보는 안목이 생겼다. 사진과 영상찍는 실력도 매우 좋아졌다. 인플루언서가 되면서 2022 코리아세일페스타 숏폼챌린지에 참여할 자격도 갖게 됐다.

이 숏폼챌린지는 산업통상자원부와 대한상공회의소, 대한민국 인플루언서 협회가 함께 진행했다. 숏폼이란 릴스, 틱톡, 유튜브 쇼츠에 1분 미만의 동영상을 올리는 것을 말한다. 1분 동영상을 SNS에 가장 많이 올리고 '좋아요' 개수를 몇 개 받았는지에 따라서 순위를 매겼다.

이 숏폼챌린지 대상이 산업통상자원부 장관상이었다. 대상을 받게 되면 트로피와 상장, 부상으로 삼성 노트북을 받게 된다. 일주일 동안 매일 방송하는 바쁜 상황이었지만, 가산점을 준다고 해서 주말에 서울에서 열린 해피기빙 기부바자회에도 참석했다. 대상이 산자부 장관상이라 욕심이 났기 때문이다. 막상 현장에 가보니 대한민국 인플루언서, 협회 회장님, 이사님, 팀장님 등 평상시 만나고 싶었던 분들이 그곳에 있었다. 보고 싶었던 분들을 직접 만나게 되니 경쟁인 것도 잊어버리고 마냥 신바람이 났다.

수익금이 모두 기부되는 뜻깊은 행사였기 때문에 최선을 다해 주어진 중소기업의 상품들을, 열정을 담아 홍보하고 판매했다. 산자부 장관상이 탐나서 숏폼 챌린지에 참여했지만, 협찬해 준 상품들을 써보고 홍보하기 위해 숏폼을 만드는 건 생각한 것보다 더 긴 시간이 걸렸다.

하루에 한 번 이상 네이버 쇼핑라이브 방송하는 상황이라 숏폼를 만드는 시간과 SNS에 올리는 시간을 줄여야만 했다. 시간을 적게 쓰면서 편집을 쉽게 할 수 있는 방법을 찾다가 틱톡의 오토컷 기능을 발견했다. 캡컷보다 빠르고 쉽게 숏폼 동영상을 만들 수 있었다.

틱톡의 오토컷 기능으로 숏폼 영상을 빠르고 쉽게 만들어서 게시했다. 이 게시물의 링크를 복사한 뒤에 틱톡 다운로더라는 프로그램으로 틱톡 워터마크를 제거했다. 워터마크를 제거한 영상을 인스타그램과 페이스북을 연동하여 릴스에 올렸다. 유튜브 쇼츠에도 올리고, 블로그 모먼트에도 올렸다.

모든 SNS에 숏폼을 올리는 데 걸린 시간이 30분도 안 됐다. 내가 원하던 바를 원소스멀티유즈 방식으로 해결했다. 원소스멀티유즈란 틱톡으로 만든 한 개의 영상을 릴스, 페이스북, 유튜브 쇼츠. 블로그 모먼트까지 다섯 군데 SNS에 올리는 것을 말한다.

원소스멀티유즈 방식으로 한 번에 5개나 되는 SNS에 숏폼 영상을 올렸다. 모든 SNS에 게시하다 보니 게시물 수와 '좋아요' 개수가 당연히 돋보일 정도로 많았다. 원소스멀티유즈 방식으로 게시물 개수도 늘리고 '좋아요' 숫자도 많이 받았다. 해피기빙 기부바자회 참석해서 상품을 많이 팔아서 가산점까지 받았다. 원소스멀티유즈 방식과 가산점이 합해져서 나는 2022년 코리아세일페스타 숏폼챌린지 대상 산업통상자원부 장관상 수상자가 됐다.

양가를 통틀어 장관상을 받은 건 나뿐이라 시부모님이랑 엄마가 어찌나 기뻐하시던지 46살에 양가 부모님께 큰 효도를 했다. 엄마는 가문의 영광이라며 모임에서 한 턱 크게 쏘시기까지 했다. 7년 전 돌아가신 아빠가 살아계셨다면 '우리 딸 장하다' 하시며 동네잔치를 3박 4일 열어주셨을 것이다. 아빠 큰딸 46살에 장관상 타는 것도 못 보고 먼저 떠나신 게 안타깝고 속상해서 장관상 들고 납골당을 찾아가서 펑펑 울었다.

'부모님 살아계실 때 효도하라'라는 말이 가슴속에 사무치는 날이었다. 장관상을 타니 정말 많은 분이 축하해 주었다. 특히 SNS 친구들이 가족 다음으로 가장 크게 기뻐해 줬다. 장관상은 나의 노력도 있었지만, SNS 친구들이 '좋아요'를 많이 눌러준 덕분에 받을 수 있었다. 장관상을 받을 수 있도록 '좋아요'를 눌러준 SNS 친구들에게 다시 한번 감사합니다.

현행 규정상 장관상 이상 상장은 한번 수상하면 2년 동안 후보가 될 수가 없다. 내가 못 받는 2년 동안 SNS 친구들에게도 기회가 있으니, 장관상에 도전하길 바라며 장관상 타는 비법을 공개한다.

숏폼챌린지 기간이 끝나면 대상 수상자를 선정하기 위해 외부인사 5분이 협회에 오셔서 심사한다. 철저한 검증 끝에 게시물 개수가 가장 높고 '좋아요' 개수가 많은 수상자를 선정, 대상인 장관상 수상자로 정하게 된다.

장관상 후보가 되면 공적서라는 서류를 제출해야 하는데, 공적서란 장관상을 받을만한 공적이 있다는 것을 증명하는 서류이다. 공적서를 쓰고 담당 공무원에게 보내고 수정하라고 메일이 오면 다시 고쳐서 오고 가기를 여러 번 반복하면 정확하게 공적서를 쓰게 된다.

내가 장관상을 수상한다는 것도 어려운 일이었지만, 공적서를 쓰는 게 장관상 받는 것보다 어려웠다고 해도 과언은 아니다. 담당 공무원에게 통과된 최종 공적서를 스캔 떠서 메일로 보내고, 등기우편으로 발송하면서 정말 주님께 간절히 기도했다. 장관상 받게 해달라고 말이다.

공적서를 쓰는 것만으로도 장관상 수상 확정이라는 것을 그때는 몰랐기 때문이다. 만약 당신이 공적서를 쓴다면, 세금을 안내거나 죄를 지은 적이 없다면 그 상장을 수상하게 될 것이다. 12월 21일에 이쁘게 입고 서울에서 열리는 시상식에 참석해 달라는 연락으로 산자부 장관상 수상자가 되어 수원 백씨와 여주 이씨 집안 가문의 영광이 되었다.

   12월 21일 CTK 코스메틱 본사에서 시상식이 열렸다. 대한민국 인플루언서 협회 임원분들과 소속 인플루언서분들이 모여서 연말 시상식 자리를 빛내주었다. 나도 인플루언서답게 보이려고 아침부터 머리하고 메이크업도 받고 새로 산 옷까지 입고 시상식에 참여했다.

   시상식의 꽃은 대상이니 대상 수상자로서 아침부터 최선을 다해 꾸몄다. 새로 산 옷이 날개였는지 전문가의 손길이 닿은 헤어와 메이크업 덕분이었는지 이날 시상식 사진이 다 인생샷이였다. 역시 뭐든지 그 분야의 전문가에게 맡기는 게 최선인 듯하다. 결혼식 때보다 아름다운 모습으로 2022 코리아세일페스타 시상식에서 대상 산업통상자원부 장관상을 받은 쇼호스트가 됐다.

장관상 받은 쇼호스트
자면서도 돈 버는 온라인 강사로 데뷔하다.

   나는 30분 완판 신들린 쇼호스트 클래시은하이다. 2022년 7월 6일 '생선 파는 언니'의 생선가스 방송이 30분 만에 완판되었을 때 생긴 별명이다. 완판녀가 된 후부터였던 것 같다. 인스타그램 DM으로 네이버 쇼핑라이브 방송하는 법을 알려달라는 분들이 생겼던 것 말이다.

한 분과 시작한 라이브커머스 1대 1 클래스는 많은 소상공인분의 요청으로 어느새 20명이 넘게 되었다. 상품이 다른 수강생들과 라이브 커머스 강의를 하다 보니 매번 수업내용이 달라졌다. 매번 달라지는 상품으로 인해 준비할 게 너무 많아졌다. 많은 준비를 한 덕분인지 나의 강의 실력은 빠르게 늘었다.

라이브커머스 강사로 실전 경험들은 쌓였으나, 매번 달라지는 강의라 체계적인 것이 부족했다. 그땐 강사로서 계획안 짜는 법, PPT로 교육안 만드는 법, 수강생들의 찐 후기 등을 모아놔야 한다는 것을 전혀 몰랐다. 그래서 이 중 어느 것도 준비해 놓은 게 없었다.

그동안의 강의방식은 수강생 1대1 클래스로 밀착 코칭 강의를 했고, 수강생들의 만족도도 높았다. 수강생들의 만족도가 높아서 강의 방식에 대한 고민을 전혀 하지 않았다. 하지만 온라인으로 다수를 대상으로 한 라이브커머스 강의를 하려면 체계적인 라이브커머스 강의를 준비해야만 했다.

온라인 강의를 체계적으로 배워야겠다고 마음을 먹었을 때, 운명처럼 재노스쿨에서 온라인 강사가 되는 과정을 무료로 2시간 진행했다. 온라인 교육 플랫폼 재노스쿨은 "재능의 노하우를 나눔한다" 라는 뜻을 가지고 있다. 이름처럼 무료강의에서 윤서아 대표의 기초과정 노하우를 다 나눠 주었다.

무료 강의도 큰 도움이 됐지만 이 강의보다 더 전문적인 과정이 나에겐 필요했다. 나의 목마름을 어찌 알았는지 그다음 과정인 온라인 강사 마스터 스쿨 1기가 바로 오픈됐다. 망설일 틈도 없이 바로 신청했다. 강의가 시작될 때 이 과정이 끝나면 체계적인 온라인 강사가 되어 있을 거란 생각에 가슴 설렜다.

역시 재능 노하우를 나눠주는 재노스쿨답게 윤서아 대표의 온라인 강사 마스터스쿨 1기 강의는 최고였다. 수업 시간은 2시간이었지만 매번 자정을 넘기며 3~4시간 열정 가득 수업받았다. 온라인 강사로서 갖춰야 할 자질과 품격까지 알려주는 강의는 어디에도 없을 것이다. 수업 시간마다 윤서아 대표가 수많은 강의를 진행하면서 터득한 강의 준비 노하우와 강의 스킬을 1부터 100까지 자세하게 알려줬다.

온라인 강사가 꼭 알아야 하는 300명 줌 사용법과 캔바로 멋있게 강의안 만드는 법, 수강생들의 후기를 모으는 방법 등을 배웠다. 후기를 쓴 수강생 중에 베스트 리뷰를 선정해서 강의안을 무료로 주는 방법으로 다음 수강생을 모으는 노하우도 배웠다. 정말 수업마다 감탄사를 외치며 수업을 들었다. 강의를 하나도 놓치고 싶지 않아서 녹화본을 반복해서 봤다. 전에는 캔바로 90분 강의안을 일주일 동안 만들었다면, 지금은 하루도 안 걸려서 만든다.

8주 수업을 마치고 자격증을 무조건 받는 건 아니었다. 심사 과정을 통과해야만 했다. 온라인 강사 마스터 스쿨 1기 과정에서 배운 것을 총동원해서 강의 계획안, 강사 프로필, 90분 강의 교육안을 만들었다. 내가 제출한 과제는 무난하게 재노스쿨의 엄격한 자격증 심사를 통과했다. 열공하고 최선을 다해 과제를 만든 보람이 있었다. 생선가스를 30분 만에 완판한 신들린 쇼호스트가 이제 온라인 2급 자격증을 가진 강사로 한 발 내딛게 되었다. 체계적인 교육을 받은 덕분에 가능해진 일이다.

지난 3년간 SNS로 브랜딩을 하면서 가장 어려웠던 부분이 편집 기술이었다. 매번 배워도 속 시원하게 편집 기술을 익힐 수 없어서 답답하기만 했다. 이 답답함을 재노스쿨에서 해소해 주었다. 독한 PD 영상 제작 원데이 세미나를 오프라인 강의로 개최했기 때문이다. '이번에는 정말 독한 PD께 편집 노하우를 다 배워오자.' 다짐하며 참석했다. 그날 아침 강의실에 앉아서도 8시간 강의를 과연 잘 버틸 수 있을까 걱정도 했다. 하지만 괜한 기우였다.

독한 PD의 강의가 시작되면서 그런 생각은 사라지고 영상편집 재미에 푹 빠져버렸다. 유튜브는 구독자 500명에 시청 시간 3,000시간이 채워지면 애드센스와 계약하고 다달이 달러로 수익이 창출된다. 올해부터는 90일 동안 유튜브 쇼츠가 300만 뷰 나와도 수익이 창출된다. 그래서 유튜브를 욕심냈으나 어떻게 시작해야 하는지, 영상편집은 어떻게 해야 할지 몰라서 유튜브를 못 하고 있었다.

독한 PD는 유튜브 콘셉트 잡는 방법부터 영상을 잘 찍는 방법까지 쉽게 알려주었다. 영상편집에 필요한 무료 앱들과 유료 앱들까지 친절하게 다 알려줬다. 노출을 꺼리는 수강생들에게는 노출 없이 영상 찍고, AI가 더빙하는 방법까지 친절하게 알려줬다. 여기에 유튜브 촬영을 위한 조명과 삼각대, 마이크까지 다 들고 와서 직접 시연하며 사용법을 선보였다. 강의 듣고 독한 PD의 시연을 보고 직접 해보기를 반복적으로 8시간을 했다.

이렇게 8시간이 1시간처럼 빠르게 지나갔다. 여러 번 수업을 들어도 몰랐던 유튜브 촬영 방법과 편집 기술을 터득하게 됐다. 이날 수업 이후 잠자고 있던 내 유튜브 계정 '말로 돈 잘 버는 언니 클래시은하'를 다시 시작했다. 지금 구독자가 129명이고 이 순간도 구독자는 늘고 있다.

독한 PD 영상 제작 원데이 세미나 수강생으로 참석했던 날 지인옥 작가 덕분에 재노스쿨 윤서아 대표를 만났다. 나의 첫 번째 ≪추락 아래에는 시작이 있다≫라는 전자책을 출간하는 데 큰 도움을 준 분이 힐링 홈 글방의 지인옥 작가이다. 지인옥 작가와 윤서아 대표 두 분은 재노스쿨에 전자책 강의 론칭을 앞두고 협의 중이었다.

재노스쿨 대표인 윤서아 대표와 나는 온라인 강사 마스터 스쿨 1기과정에서 강사와 수강생으로 만난 사이이다. 이날 두 분과 함께 자연스럽게 점심을 먹게 되었고 이 점심을 함께 먹은 뒤 한 달 보름 후에 재노스쿨의 온라인 라이브커머스 강사가 되었다.

점심을 먹으며 전국 방방곡곡을 다니며 네이버 쇼핑라이브 900회 방송을 진행한 쇼호스트라고 소개하게 됐다. 내 소개를 들은 윤서아 대표는 그 자리에서 2주 후 소금 방송을 같이하자고 말했다. 나는 그 자리에서 "좋아요" 하고 방송날짜를 잡았다.

그런데 방송 전날까지 소금 자료가 오지 않았다. 업체가 바빠서 자료를 보내주지 못했다. 당연히 방송이 취소될 줄 알았는데, 윤서아 대표가 재노스쿨 라이브커머스 1기 모집 방송을 대신 하자고 했다. 생각지도 못했던 일이었지만, 이 좋은 기회를 놓치고 싶지 않아서 일단 좋다고 했다.

기회는 올 때 잡아야 하니 말이다. 윤서아 대표와 라이브커머스 모집 방송을 마치자마자 재노스쿨의 라이브커머스 1기 모집이 시작됐다. 정말 번갯

불에 콩 볶아먹듯이 갑자기 나는 재노스쿨의 라이브커머스 강사가 됐다. 라이브커머스 첫 론칭 강의라 후기가 없어서인지 수강생 모집이 쉽지 않았다.

첫술에 배부르지 않으니 기다릴 수밖에 없다고 생각했다. 하지만 재노스쿨 윤서아대표는 달랐다. 가장 핫한 ChatGPT를 활용한 라이브커머스 무료 강의를 하자고 제안했다. 바로 강의안을 만들어서 무료 강의를 진행했다.

첫 온라인 강의에 80명이 넘는 분이 참석해 주었다. 첫 강의인데도 큰 실수 없이 매끄럽게 강의를 진행했다며 윤서아 대표가 칭찬해 줬다. 이제 온라인 강의도 성공적으로 잘 해냈으니 장관상 받은 쇼호스트는 라이브커머스 온라인 강사로 교육안만 잘 준비하면 됐다. 재노스쿨에서 온라인 강의를 체계적으로 배우고, SNS 브랜딩에 꼭 필요한 편집 기술까지 독한 PD에게 배웠다.

온라인강의를 할 준비가 된 900회 방송 노하우가 쌓인 쇼호스트는 윤서아 대표가 준 기회를 잡아서 재노스쿨의 온라인 라이브커머스 강사가 됐다. 6주 과정의 줌 강의는 모두 녹화되어 강의 앱에 올려졌다. 온라인 강의를 듣고자 하는 수강생들은 이 앱에서 강의를 신청해서 듣고 있다. 재노스쿨덕분에 나는 자면서도 돈을 버는 온라인 강사가 됐다.

 핸드폰 하나로 전국 방방곡곡을 누비는 쇼호스트의 꿈

지난 3년간 핸드폰 하나 들고 전국 방방곡곡을 누비며 네이버 쇼핑라이브 방송을 했다. 아직도 기억에 남는 짠맛이 있다. 청산도에서의 전복 방송이었다. 전복 양식장에서 전복을 잡아서 내장과 이빨을 분리하고 바로 썰어서 먹으며 1시간 동안 방송을 했다.

식품 방송은 먹방 할 때 최고의 매출을 올린다. 짜디짠 전복을 물로 씻을 새도 없이 얼마나 많이 먹었는지 짠맛만 기억난다. 그 방송 후 하루를 물 이외에 아무것도 먹지 못했다. 전복 방송하면서 내 몸에 들어온 짠맛을 다 내보내는 데 꼬박 하루가 걸렸기 때문이다.

이슬비 오는 날 옥수수밭에서 옥수수를 따서 옥수수 껍질을 벗기며 방송도 했다. 옥수수밭에서 직접 수확한 옥수수를 보여주면서 먹방 하니 잘 팔렸다. 이것이 네이버 쇼핑 라이브의 묘미이다. 생생한 현장감에 고객들이 빠져들기 때문이다. 생생한 현장감을 위해 제품이 좋다면 의뢰하러 오는 대로 다 달려갔다. 시간을 되돌린다 해도 이전처럼 똑같이 지방으로 출장 다니며 방송할 것이다. 라이브커머스는 현장감이 중요하니 말이다.

현장을 다니다 보니 자연스럽게 방송 출연 기회도 생겼다. MBC '새 참 즙쇼'와 농민방송 '나는 농부다'에 나왔다. 출연료도 받고 인지도도 높아지고 ≪도랑 치고 가재 잡는다≫처럼 되었다. 그래서인지 지금도 지방방송을 하러 갈 땐 소풍 가는 듯 신바람이 난다. 지방으로 방송하러 안 갔다면 해마다 방송 출연은 못 했을 것이다.

4월 3일부터 6주간의 재노스쿨 라이브커머스 1기 강의가 시작됐다. 라이브커머스 1기 수강은 3명으로 시작했다. 후기도 없는 첫 강의에 3명이나 등록해 주다니 감개무량했다. 문경에서 사과와 오미자를 생산하고 판매하는 대표와 쇼호스트를 희망하는 순천과 부산에 사시는 분들이었다.

온라인 강의의 장점대로 전국에 계신 분들과 일주일에 한 번씩 월요일 밤 9시에 줌으로 만났다. 강사로서 수강생들이 쉽게 접근할 수 있는 라이브커머스 플랫폼을 선택해야만 했다. 그래서 네이버쇼핑라이브와 11번가를 선택하여 두 가지 플랫폼을 비교해 가며 강의했다.

네이버쇼핑라이브의 라이브 기준은 3개월 합산 판매 건수 100건에 200만 원이다. 11번가는 입점 승인 후 라이브 권한을 신청하면 바로 라이브 방송을 할 수 있다. 현장이든 집에서든 방송하려면 방송 권한이 필요하다. 내 강의의 목적은 핸드폰만 있으면 언제 어디서든 수강생들이 방송할 수 있게 만드는 것이었다.

수강생 전원이 6주 과정이 끝난 뒤에도 혼자서 꾸준히 방송하게 만들고 싶어서 늘 고민하며 강의안을 만들었다. 내 열정을 알아보았는지 수강생들의 호응도가 높아서 다음 강의 시간이 빨리 오기를 학수고대했다.

수강생들의 열정에 보답하기 위해 5월 초 화창한 봄날 문경으로 내려갔다. 문경에 살고 있는 수강생과 말린 오미자를 방송하기 위해서였다. 문경은 오미자 특구로 전국 오미자 생산의 거의 절반을 차지하고 있는 오미자 특산지이다.

오미자는 신맛, 단맛, 쓴맛, 매운맛, 짠맛 다섯 가지 맛이 난다고 하여 오미자라 불린다. 오미자는 말려서 12시간 물에 우려서 마시거나, 생오미자를 가을에 수확해서 설탕과 1대1 비율로 넣고 청을 만든다. 오미자청은 요리할 때 쓰거나 오미자 소주, 오미자 막걸리, 오미자 에이드, 샐러드드레싱 대용으로 먹는다.

오미자는 동의보감에서 보면 허한 기운을 보충하고 소갈증이나 마른기침에 좋아서 한약재로도 쓰이고 있다. 몸에 좋은 말린 오미자를 오미자밭에서 방송하려고 새벽 6시에 수원에서 출발했다. 2시간 30분 걸려서 '문경의 봄봄' 농장에 도착했다. 수강생분이 어찌나 반겨주시던지 친동생 만난 듯 나도 기뻤다. 우린 만나자마자 11시 방송 준비에 들어갔다. 말린 오미자 상품부터 오미자차, 오미자청 그리고 필요한 그릇부터, 컵까지 빠짐없이 소품도 준비했다.

오미자밭에서 방송할 때 테이블을 놓고 의자에 앉아서 방송하려고 했다. 하지만 밭의 특성상 노란 박스를 뒤집어 테이블로 쓰고, 밭을 맬 때 쓰는 동그란 의자에 앉아서 방송했다. 밭에 도착하니 사방이 산으로 둘러싸여 있고 새소리가 어찌나 듣기 좋든지 방송하기 딱 좋은 장소였다. 수강생과 방송 상품을 디스플레이하고 방송 진행 순서를 맞춰보며 방송 준비를 했다. 역시 열정 가득한 나의 수제자답게 떨지도 않고 1시간 20분 방송을 잘 해냈다.

방송 내내 들렸던 새소리 덕분인지 이날 매출이 좋았다. 역시 현장에서 방송하면 잘 팔린다. 이것이 현장 라이브 커머스의 변치 않는 진리인 듯하다. 오미자 꽃피는 시기에 오미자 꽃밭에서 방송을 한 번 더 하기로 약속했다. 오미자 꽃향기가 동남아 일랑일랑 꽃향기와 비슷하다고 해서 궁금하기도 했다. 오미자 꽃밭에서 방송하면 오늘보다 더 매출이 좋을 것 같았다. 힐링 되는 장소가 매출에 큰 도움이 되니 말이다.

집으로 출발하려는데 수강생분이 건네준 말린 오미자, 오미자청, 오미자 팩, 오미자 사탕, 소금세트로 내 차 조수석이 꽉 찼다. 농가의 인심은 늘 후하다는 것을 현장에 갈 때마다 느끼게 된다. 오미자 꽃밭에서 방송하는 행복한 상상을 하며 집으로 돌아왔다.

드디어 일랑일랑 향이 난다는 오미자꽃이 활짝 피었다. 부산에 사는 수강생이 말린 오미자를 방송하러 문경으로 왔다. 상품을 가지고 있는 '문경의 봄봄' 대표가 방송 진행 실력이 부족해도 방송할 수 있도록 배려해 준 덕분이었다.

아뿔싸! 밭에 도착하니 오미자꽃이 지고 그 자리에 오미자가 열리고 있었다. 이것 또한 라이브커머스의 묘미이다. 없으면 없는 대로 상황에 맞춰 방송해야 하는 것 말이다. 전국을 다니며 방송하면서 이런 경험이 있었기에 당황하지 않고 융통성 있게 대처했다. 시청자들에게 오미자꽃이 지고 오미자 열매가 열리는 오미자나무를 보여주며 방송했다.

라이브커머스 6주 과정을 마친 수강생분들은 앞으로 '문경의 봄봄' 농장의 상품으로 11번가와 네이버 쇼핑 라이브에서 방송 활동을 할 예정이다. 현재 말린 오미자가 동이 나서 가을 오미자 수확이 끝난 뒤 다시 방송을 재개할 것이다. 나의 바람대로 수강생들은 핸드폰 하나로 오미자밭이든 집에서든 꾸준히 방송하게 됐다. 수강생들이 매회 방송을 통해서 많이 성장할 수 있도록 피드백해 주며 꾸준히 응원할 것이다.

월 천 이상 벌던 오감발달 강사는 팬데믹으로 백수가 됐다. 천직을 잃고 경제적으로도 심적으로도 궁핍해진 나는 내일이 오는 게 너무 두려울 정도로 우울감에 빠져 있었다. 그러나 내게는 그 무엇과도 바꿀 수 없는 두 아이가 있었기에 멘토의 힘을 빌려 우울감에서 벗어났다. 꾸준함이 답이란걸 명심하고 계속 열심히 공부하며 주어진 기회에 최선을 다하며 3년을 살았다. 3년 동안 고군분투한 이야기를 엮어서 ≪추락 아래에는 시작이 있다≫라는 전자책을 2022년도 12월에 출간했다.

나의 첫 전자책은 아무리 힘든 상황이 오더라도 포기하지 않고 꾸준히 열심히 공부하며 주어진 기회에 최선을 다한다면 여러분도 나처럼, 아니 나보다 더 큰 성장을 이룰 수 있다는 내용이 담겨 있다. 작년에 전자책을 출간하지 않았다면 각 분야에서 멋찐 활동을 하는 5명의 강사와 어깨를 나란히 하고 이 책을 쓰지 못했을 것이다. 꾸준함과 900회이상 방송 경험은 나에게 가장 큰 재산이 됐다.

사람들이 나를 부르는 수식어는 2.3만 인플루언서, 22년 코리아세일페스타 숏폼챌린지 산자부 장관상 수상자, 30분 만에 생선까스를 완판시킨 완판녀, 핸드폰 하나 들고 전국 방방곡곡을 다니며 1,000회 방송을 앞둔 쇼호스트, 재노스쿨 온라인 라이브커머스 강사, 투에이치클래스 숏폼 브랜딩 강사, 똑디거래소 커뮤니티 운영자, 쓰플루언서, 틱톡커, 유튜버, 블로거등등 이라고 부른다.

한 마디로 다 잘하는 만능 쇼호스트라고 한다. 만능 쇼호스트로 이 자리에 오기까지 먼 길을 돌아 오느라 3년이나 걸렸다. 나에겐 지름길을 알려주는 비법서가 없었기 때문이다. 여러분은 오랜시간 먼 길 돌아가지 않고, 지름길로 빠르게 쇼호스트로 숏폼 브랜딩 컨설턴트로 성장하길 바라며 이 비법서를 썼다. 나의 꿈은 쇼호스트나 숏폼 브랜딩 컨설턴트로 성장하길 원하는 분들이 꾸준함과 경험을 재산으로 나보다 더 빠르게 위로 성장할 수 있도록 비법을 알려 주는 것이다.

팬데믹으로 하루아침에 바닥으로 추락해서 내일 눈뜨지 않게 해달라고 기도하며 힘들어할 때, 내 주위의 좋은 분들이 내 손을 잡아 준 것처럼 내가 여러분의 손을 잡아 줄 것이다. 여러분의 손을 잡았을 때 든든한 버팀목이 될 수 있도록, 나는 오늘도 핸드폰 하나를 들고 전국 방방곡곡 '장관상 받은 쇼호스트 클래시은하'를 불러주는 곳으로 소풍 가듯이 떠난다.

정유진

디지털 튜터이자 틱톡 비즈니스전문가로서 디지털 문해력을 교육하고 숏폼 영상 제작을 가르치는 틱톡 강사이다. 최적화된 브랜딩을 위해 숏폼 플랫폼을 어떻게 활용할 것인지를 연구하고 있는 크리에이터이다. 발 빠른 디지털 기술력으로 소외되고 있는 이웃들이 디지털 문해력을 키우고 영상 제작까지도 원활할 수 있도록 돕고 있다.

2023 광주 디지털 배움터 강사
2023 틱톡잉글리쉬 1기 운영 중
2023 산업통상자원부 틱톡비지니스 1급
2023 해리스쿨 틱톡비기너 2,3기 강사
2023 틱톡 & 티몬 라이브커머스 진행
2022 MKYU 디지털튜터 2급

퇴근 후
온라인강사로
변신한 홍대리

Part 8

틱톡과 함께한
나의 브랜딩 여정

CONTENTS

사진은 나의 첫 콘텐츠

영어를 가르치는 정쌤에서 틱톡 크리에이터로

틱톡, 어떻게 시작하나요? 프로필 설정부터

틱톡 리워드와 조회수

재노스쿨 틱톡 챌린지 리더

챌린지 당첨

틱톡크리에이터로서의 성장

사진은 나의 첫 콘텐츠

사람은 결국엔 돌고 돌아 자신이 원하는 길목에 서게 된다. 중학교 때부터 사진에 관심이 많았다. 고등학생이 되어 관심 있는 분야인 사진 동아리에 들어갔는데 내 모교는 동아리 활동이 활발한 학교였다.

같은 관심사를 가진 선배, 친구들과 사진을 배우고 찍어보면서 학년 말에는 전시회에도 참여했다. 나는 학교의 예쁜 정원에서 서로 절친인 두 선생님의 모습을 담아 전시했다. 지금 기억으로 제목이 〈가을 속의 동화〉이었던 것 같다. 몇 년 후 〈가을 동화〉라는 드라마가 나왔을 때 그때의 선생님들이 많이 생각났다.

고등학교 2, 3학년 때는 사진 활동을 못 하고 말았다. 대신 졸업 후에 내 주위의 온갖 행사들에서 스스로 사진 담당을 도맡아 하며 즐거움을 얻었다. 조카들 사진을 찍어주는 것은 물론이었고 친구 결혼식, 스윙 댄스 동호회 공연, 교회 행사 등등 나름 사진을 잘 찍는다는 말을 듣곤 했다.

2008년 한국방송통신대학교 사진 공모전에서 〈열정, 그 멈추지 않는 도전〉이라는 제목으로 상을 받은 바가 있다. 2016년에는 전국 지역별로 1명씩 뽑히는 공모전에 당선되고 광주·전남 사진작가로 위촉되어 1년여간 활동을 하였다. 그 당시 나는 첫째를 출산하고 치골결합 분리로 잘 걷지 못해서 울며 누워있는 시간이 많았다. 그랬던 내게 사진 공모전 당선 소식은 참 큰 기쁨이었다.

2009년에는 우연히 국비로 메이크업을 배울 수 있는 광고지를 보게 되었는데 평상시 배우고 싶었던 분야여서 바로 등록했다. 동기들과 서로 메이크업을 해주며 실습을 해나갔고 나는 메이크업이 완성되면 동기들의 사진을 찍어주었다. 그것은 내게 또 다른 즐거움이었다. 마치 모델 앞에서 사진을 찍어주고 있는 작가가 되어있는 것 같았다. 늘 멋진 사진작가가 되는 것을 선망했었는데 나이를 핑계로 끝내 실천하지 못했던 것이 아쉬움으로 남았던 나였다.

이랬던 나는 두 엄마의 아이가 된 후에 콘텐츠를 만드는 크리에이터가 되었다. 이제는 사진작가가 되지 못했던 아쉬움도 크게 느낄 필요가 없다. 이 모든 것이 크리에이터 과정 안에서 활용된다. 내가 찍은 사진도 영상도 모든 걸 콘텐츠로 만들어 많은 사람과 소통하고 있다.

처음에는 크리에이터라는 것이 내가 감히 엄두도 못 내는 분야라고 생각했다. 하지만 지금은 다른 어떤 SNS 플랫폼보다 가장 사랑하고 오래 머무는 곳이 바로, 이 틱톡이다. 사람은 결국 자신이 좋아하는 무언가에서 시작해 그것이 이끄는 종착지에 머물게 되는 것 같다. 사진과 영상을 공유하고 싶어 했던 마음은 뒤늦게나마 아줌마 틱톡 크리에이터를 탄생시켰다.

 영어를 가르치는 정쌤에서 틱톡 크리에이터로

2000년 초반, 광주 남구 봉선동의 유명한 영어 전문학원에서 연락이 왔다. 영어 강사를 하라는 제안이었다. 당시 원장으로 있던 대표는 지금은 이민을 간 상태이다. 사라진 영어학원이지만 나에게는 첫 영어 강사로 입문한 곳이다. 영어교육법도 독특했고 영작 연습 문제집도 학생들에게 인기가 많았다. 이 영어학원과의 인연으로 영어 강사로 15년을 활동하게 되었다. 주로 초·중학생들의 영어 기본문법과 회화 등을 가르쳤다. 나에게 가르치는 일이 즐겁다는 것을 알게 해준 시기였다.

둘째 출산을 하면서 영어 가르치는 일을 잠시 쉬고 한동안 육아에 전념하는 시간을 보냈다. 반복되는 일상에 점점 무기력해질 때쯤 새로운 도전을 찾기 시작했다. 운명이었을까? 코로나 덕분에 유명한 강사들이 온라인 교육을 시작했다.

인스타를 통해 김미경 대학 MKYU 새벽 기상 챌린지를 알게 되었다. 난생처음으로 매일 새벽 5시마다 기상을 했다. 김미경 학장님의 주옥같은 강의는 내 안에 꺼져있던 열정을 깨어나게 했다. 나의 인스타 팔로워들은 자연스럽게 MKYU 학생들 일명 '쨱쨱이'들로 넘쳐나기 시작했다. '쨱쨱이'들은 그야말로 시간 활용을 잘하고 늘 배움의 열정으로 가득 찬 분들이었다.

MKYU에서는 다양한 커뮤니티를 운영한다. 관심사가 비슷한 사람들이 모여서 함께 성장하는 과정이다. '챌토링'이라는 프로그램은 주제별로 14일 동안 진행된다. MKYU를 계기로 만나게 된 해리스쿨의 신해리 대표(Twinkle Haeri)를 통해 '틱톡' 강의에 참여하게 되었다. 2022년 2월 나의 틱톡과의 인연은 그렇게 시작되었다.

틱톡 앱을 깔고 계정을 어떻게 만드는지부터 시작해서 틱톡으로 수익화하는 방법을 배울 수 있었다. 사실 틱톡 앱을 그전에 깔았던 적이 있었다. 하지만 어떻게 이 앱을 활용하고 어떤 콘텐츠의 영상을 올려야 하는지 몰랐다. 나는 곧 흥미를 잃었고 틱톡 앱은 내 핸드폰에서 삭제되었다. '이래서 사람은 배워야 하는구나!' 비로소 틱톡 강의가 존재해야 하는 이유를 알게 되었다.

페이스북과 인스타그램을 하고 있었지만, 처음에 틱톡이 낯설었던 이유는 틱톡은 세로형 영상만을 올리는 플랫폼이었기 때문이다. 하지만 나중에는 세로형 영상이 훨씬 더 매력적이라는 것을 알게 되었다. 왜냐하면 대부분 사람이 스마트폰으로 SNS 활동을 하기 시작하면서, 검색창이나 메시지를 이용할 때 세로로 보기 때문이다. 화면에 꽉 찬 세로형 영상이 사람들의 시선을 끌기에 훨씬 좋았다.

유튜브나 페이스북, 인스타 등과 다르게 틱톡의 또 다른 이색적인 장점은 앱을 켜자마자 영상의 사운드가 바로 실행이 된다는 점이다. 인스타그램은 소리가 우선 무음으로 되어 있고 그걸 해제해야만 오디오를 들을 수 있다. 틱톡은 사운드가 먼저 바로 노출이 되기 때문에 유명 가수들의 음원이나 틱톡커들의 매력적인 보이스가 시선을 쉽게 끌 수 있는 장점이 크다.

최근에 쇼호스트인 신현종(유튜버 닉네임 신카일)의 영상들을 추천으로 보게 되었다. 아나운서 같은 중저음의 또렷한 목소리로 말 잘하는 방법에 대한 영상이 참 인상적이었다. 그분의 따뜻하고 설득력 있는 목소리는 계속해서 그 영상들에 공감을 누르게 했다. 틱톡의 추천 알고리즘으로 그분의 좋은 콘텐츠를 접할 수 있어서 참 감사하다. 틱톡이 아니였으면 그분을 빨리 알 수 있었을까? 이처럼 틱토커들의 팬심을 원하신다면 지금 바로 틱톡을 시작하기를 바란다.

한편 2022년 막 틱톡을 하려던 시점, 내 주위엔 틱톡을 하는 지인들이 거의 없었다. 그래서 초기에 틱톡 유저들과 소통하기에 어려움이 많았다. 내 지인도 최근 틱톡을 막 시작했을 때 똑같은 어려움을 겪었다. 하지만 나 같은 경우에는 해리컴티 커뮤니티를 통해 이 문제가 바로 해결되었다.

수업을 함께 들은 수많은 틱톡 수강생과 서로 팔로잉하는 미션 수행이 있어서 300여 명이 넘는 커뮤니티 틱토커들이 금방 생겨났다. 이 덕분에 1000 팔로워가 되는 데는 그리 오랜 시간이 걸리지 않았다. 다른 SNS 플랫폼보다 팔로워를 늘리는 것이 쉽고 빨랐다. 현재 나의 인스타그램 팔로워 수보다 틱톡의 팔로워 수가 훨씬 더 많은 상태이다.

틱톡을 시작하려 할 때 최대한 빨리 팔로워 수를 늘리기를 추천한다. 나와 같은 관심사를 가진 커뮤니티 사람들과 함께 할 때 틱톡 라이프는 더욱 재미있을 것이다.

 틱톡, 어떻게 시작하나요? 프로필 설정부터

틱톡 강의에서 제일 먼저 중요하게 생각하는 것은 프로필 설정이다. 프로필은 나의 간판과도 같다. 맨 처음 틱톡 앱을 깔고 회원가입을 하면 임의대로 틱톡 아이디가 생성된다. 예로 user12345678등과 같이 영어와 숫자들의 조합으로 되어있다. 자동 생성된 아이디를 그대로 사용하지 말고, ①프로필 편집으로 들어가서 수정해 주는 것이 좋다. 무작위로 조합된 아이디는 다른 사람들이 기억하기 힘들기 때문이다.

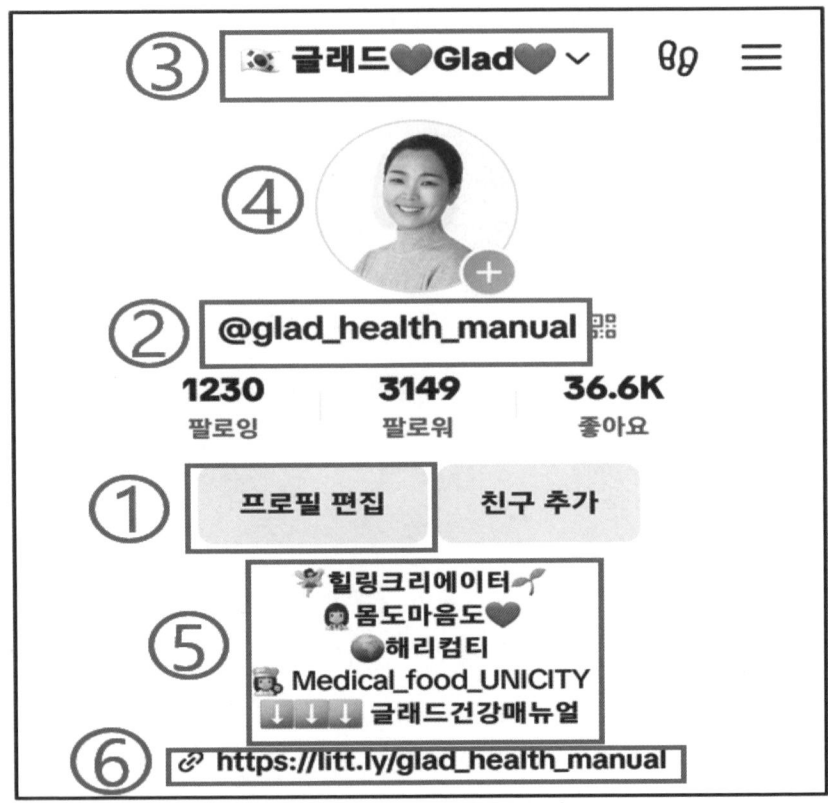

틱톡 프로필 설정화면

나만의 색깔을 알릴 수 있는 브랜딩의 출발점은 ②틱톡 계정 아이디에서부터 시작된다. 틱톡 아이디를 공유할 때 자신만의 브랜드 이미지를 담은 의미 있는 아이디를 제공하는 것을 추천한다.

기억하기도 쉽고, 내가 어떤 일을 하는 사람인지를 나타내기도 쉽다. 틱톡 아이디는 온라인상의 명함과 같은 것이다. 하나의 팁을 주자면 아이디가 긴 경우에는 영어 단어를 모두 붙여서 쓰기보다는 영어 단어 사이에 마침표(.)나 언더바(_) 등을 사용하면 가독성이 좋다.

글래드(Glad), 나의 ③틱톡 닉네임이다. 나 또한 아이디를 생성할 때 몇 날 며칠을 고민했다. 나는 천연 치유 제품 유통을 하고 있었기 때문에 글래드건강매뉴얼(glad_health_manual)이라는 아이디로 생성했다. 내 브랜드명은 '글래드건강매뉴얼'이다.

④프로필 사진은 자신의 콘텐츠에 맞는 사진을 올리거나 신뢰감을 주는 자기 얼굴 사진을 올리면 된다. 예를 들어 자신의 콘텐츠가 동물에 관한 것이라면 반려동물 사진을 올려 어떤 일을 하는지 잘 나타낼 수 있다.

⑤자기소개는 굉장히 중요한 역할을 한다. 만약 내가 올린 영상이 재미있거나 도움이 될 때 사람들은 더 많은 영상을 보기 위해 내 프로필을 방문한다. 이때 자기 소개란은 자신을 인상 깊게 소개할 수 있는 곳이 된다. 그러니 절대로 대충대충 남기지 말고 이번 기회에 자신을 간단히 표현할 수 있는 단어들이 무엇이 있는지 생각해보기를 바란다.

마지막으로 ⑥링크를 걸어주는 것이 좋다. 유튜브나 리틀리 링크를 걸어두는 사람들이 많다. 이것은 나를 더욱 자세히 알릴 수 있는 연결고리가 된다.

틱톡 프로필 설정에서 중요한 것은 '개인 정보설정 2단계'까지 진행하는 것이다. 하나의 팁을 주자면 개인 정보설정 2단계에서 핸드폰 번호 대신 이메일로 본인 인증을 추가하는 것이 좋다. 한 핸드폰으로 여러 부계정을 만들 수가 있는데 이 때문인지 핸드폰 인증은 가끔 오류가 발생하기도 한다. SNS에서는 다른 사람의 계정을 훔치거나 일부로 계정을 해킹하는 도둑들도 있다. 그래서 미리 조심하는 것이 좋다.

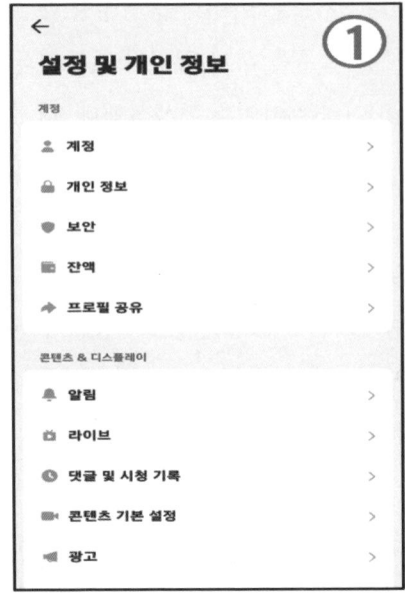 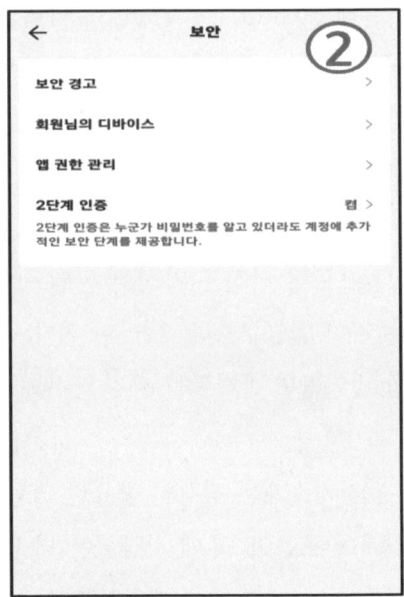

틱톡 보안 및 2단계 인증 활성화

나만의 콘텐츠를 정하지 못한 틱톡 사용자들이라면 어떻게 해야 할까? 우선, 유명한 틱톡커들의 콘텐츠를 분석해 보는 것도 좋은 방법이다. 인플루언서나 이웃들에게 인기가 많은 틱톡커의 채널을 방문해서 그들이 어떤 콘텐츠를 매일 생성하고 있는지 관찰하는 것이다. 왜 그들의 영상이 높은 조회수와 '좋아요'를 받을 수 있는지 '분석지'를 작성해 보면 도움이 된다.

틱톡 하면 제일 먼저 떠오르는 사람이 바로 원정맨이다. 우리나라에서 가장 많은 팔로워 수를 보유한 원정맨은 재미있는 이어 찍기 영상으로 엄청난 많은 팬을 확보했다. 어떠한 영상을 찍어야 할지 도무지 모르겠다면 무작정 원정맨의 틱톡으로 들어와 그와 이어 찍기를 해보라!

 **틱톡 리워드와 조회수**

　틱톡을 배우고 나서 제대로 활용하기 시작한 것은 4개월 뒤부터다. 22년 6월 틱톡에서 각종 이벤트를 운영하기 시작했다. 틱톡 이벤트는 틱톡 초보 사용자들에게 동기유발로서 최고였다.

　영상을 올리면 현금 리워드를 주는 파격적인 행사였기 때문이다. 영상만 올리면 바로 수익화가 되는 것이다. 나 또한 틱톡에서 몇 개월간 누적된 리워드로 58만 원이라는 수익이 생겼다. '좋아요' 숫자가 더 많았던 사람들은 더 많은 리워드를 받을 수 있었다.

　틱톡에 매일 3개씩 숏폼 영상을 올렸다. 한 달 동안 90여 개의 영상을 올렸고, 몇 개월을 계속하다 보니 영상 노하우도 늘어났다. 또 해리컴티라는 커뮤니티 안에서 영상을 공유하고 서로 소통하면서 서로에게 큰 자극이 되었다.

　현금 리워드 이벤트는 끝났지만 지금도 리워드 이벤트는 계속되고 있다. 한 번도 틱톡 앱을 깔지 않은 사람들에게 틱톡 앱을 깔고 가입을 권하면 권한 사람과 권유받은 사람 모두 리워드를 받을 수 있다. 어떤 리워드인지 궁금하면 지금 당장 틱톡 앱을 깔길 바란다.

　틱톡에서는 나를 팔로워 하는 사람이 100명이 되면 라이브 방송을 할 수 있다. 틱톡은 라이브 방송에서 라이브 커머스까지 확장할 계획을 하고 있다. 라이브 방송에서는 시청자들과 소통하면서 누구나 방송진행자가 될 수 있다. 특히 시청자들은 라이브 방송을 진행하는 호스트에게 선물을 줄 수 있다.

팔로워가 얼마나 많은지에 따라 선물의 액수는 늘어난다. 전 세계인들과 라이브 방송으로 소통하면서 나의 '열렬한 팬'들을 만들어 나가는 것은 꽤 매력적이다. 방송 안에서 얻을 수 있는 추억이나 보람 또한 크다. 그러니 당신의 팔로워를 어서 늘려라!

영상을 더 많은 사람에게 노출하고 반응을 일으키는 것이 중요하다. 이것을 '바이럴된다'라고 표현한다. 바이럴이란 입소문이 나서 퍼지는 현상을 의미한다. '해리컴티'에서는 영상이 '바이럴' 되도록 하기 위해, 서로의 영상을 늘 공유하고 반응에 동참한다. 얼마나 좋은 콘텐츠를 만들며 높은 조회수와 '좋아요'를 얻을 수 있는지가 틱토커들의 자부심이 된다.

22년 여름, 보성율포해수녹차센터로 가족여행을 떠났다. 입장료 7,000원에 사우나와 함께 물놀이까지 즐길 수 있는 시설이었다. 이렇게 가성비 좋은 물놀이장은 처음이었다. 찜질방까지 겸비한 곳이라 수영을 즐기다 찜질도 편히 할 수 있어 우리 가족은 매우 만족했다. '이때다!' 이 장소를 찍어 틱톡에 올려야겠다는 생각이 들었다. 바로 영상을 찍어서 틱톡에 올렸다.

틱톡 앱에서 제공하는 자체 기능으로 영상을 찍고 편집하며 녹음까지 할 수 있다. 그러다 보니 업로드하는 데까지 걸린 시간은 5분 남짓이다. 올린 지 얼마 되지 않아 조회수가 급속히 올라갔다. 영상 업로딩 후 몇 분 만에 1천 조회를 넘었고, 3일 만에 6만 9천 조회수까지 나왔다. '이렇게 가성비 좋은 물놀이장이 있는지 몰랐다'며 '좋은 정보를 줘서 고맙다'는 댓글이 달렸다. 틱톡을 통해서 이웃들에게 좋은 정보를 전달할 수 있어서 처음으로 뿌듯했던 경험이었다.

그 후 나의 영상을 꾸준히 봐주고 있는 커뮤니티 멤버들이 있다 보니 더 신경을 써서 영상을 만들게 되었다. 그리고 추천을 통해 조회수가 바이럴이 되어 조회수가 많이 나오게 되는 것이 하나의 목표가 되었다. 어떻게 하면 내 영상이 좀 더 바이럴이 잘 될 수 있을까 더 호기심 있게 만들 수는 없을까 이런 고민을 많이 하게 되었다.

내 영상이 바이럴되고 얼마 후 신해리 대표는 인기있는 틱토커 중의 한 명인 아누누의 스프링 드레스 영상을 관심있게 보고 있었다. 하루는 동대문 시장에서 쇼핑하다 우연히 그와 비슷한 소재의 옷을 발견하였다. 그러곤 바로 그에 대한 영상을 제작해서 올렸다.

그녀의 예상은 백발백중이었다. 순식간에 바이럴을 타서 조회수와 '좋아요' 수가 터지기 시작했다. 조회수는 542.2K '좋아요'는 24.0K 저장은 1133, 공유는 79 데이터를 남겼다. 유명한 틱톡커들의 유행을 따라간다면 바이럴이 될 좋은 기회가 된다는 것을 알 수 있었다.

그렇게 그녀의 영상이 바이럴이 되는 과정을 보면서 나도 내가 사는 곳에서 아누누의 의상과 비슷한 소재의 옷을 찾고 싶었다. 하지만 그것은 쉽게 보이지 않았다. 시내 지하상가 여러 옷 가게들을 돌아다닌 후 마지막에 딱 한 군데만 더 들렀다 가자고 하던 찰나! 바로 그때 드디어 내 눈에 빨간 스프링 원피스가 한눈에 들어왔다. 와! 나도 드디어 찾았구나! 라는 심정으로 바로 그 가게에 들어갔다.

두 가지 색상이 있어서 두 벌을 착용해 본 후 색깔별로 영상을 찍어 올렸다. 아누누를 멘션하는 것은 당연히 잊지 않았다. 내 예상은 바로 적중했다. 보통 내 영상보다 더 많이 바이럴이 되었다. 두 영상 모두 조회수가 6~7,000대를 기록했다. 그때 당시 내 영상의 평균 조회수는 200대였기 때문에 꽤 높은 조회수였다. 이번 영상은 콘텐츠를 어떻게 찍을 것인지 처음으로 구상하고 찍었던 영상이어서 꽤 의미 있는 경험이었다.

하루는 틱톡을 보다 우연히 개그맨 고명환의 이야기를 알게 되었다. 삶과 죽음의 경계를 이겨내고 독서를 통해 제2의 삶을 시작한 그의 이야기는 너무나 감동적이었다. 그리고 때마침 MKYU 새벽 기상 챌린지를 하던 날 김미경 학장님의 메시지는 인생의 피벗이었다.

독서가 고명환 인생의 새로운 피벗이 되었다는 것을 알았기에 새롭게 영상을 만들어 이를 더욱더 많은 사람과 나누고 싶었다. 목소리 녹음을 여러 번 해서 그의 이야기가 더욱 잘 전달될 수 있도록 노력했다. 이 영상에 대한 조회수는 예상하지 못했는데 꾸준히 바이럴이 되어 61만 2,000 조회수를 기록하게 되었다.

댓글도 많이 달렸었는데 한번은 고명환과 같이 교회에 다니는 분께서 댓글을 남겨주시기도 했다. 나중에 MKYU 한 커뮤니티를 통해서 고명환을 직접 만나 뵐 수 있었다. 고명환이 언젠가 틱톡 유저들에게도 좋은 메시지들을 나누어주고 재미있게 틱톡을 하게 될 날을 여전히 기대해 본다.

 재노스쿨 틱톡 챌린지 리더

신해리 대표를 통해 틱톡을 배운 많은 사람은 재능기부를 통해 틱톡을 알려 나갔지만 줌 강의에 익숙지 않아 나는 시도하지 못하고 있었다. 그때 해리컴티와 재노스쿨이 협약을 맺어 1인미디어창업지도사 자격증반이 생겼다. 이 자격증반 과정을 이수한 후에 자격증을 받았다.

그러던 어느 날 갑자기 해리컴티 디스코드에 신해리 대표의 알림 메시지가 하나 올라왔다. 그것은 1인미디어지격증 사진을 올려달라는 것이었다. 우여곡절 끝에 강사 준비반 마지막 티오로 합류되었다. 첫 공지를 한 번 놓치고 두 번째 기회가 주어졌는데 이 모든 게 타이밍이었다. 그 후 좋은 멤버들과 틱톡을 가르치는 과정에 대해서 배웠고 시험을 치러서 자격증도 받았다. 드디어 내게 틱톡 강사 데뷔의 기회가 생겼다.

해리스쿨 〈틱톡 비기너 과정〉 수업은 매주 화요일 저녁 9시에서 10시 30분까지 1시간 반 동안의 수업으로 3주 동안 진행되었다. 수강생 중의 한 분은 서울의 한 초등학교 2학년 담임 교사이었다. 영상 편집을 배워 귀여운 아이들을 영상에 잘 담아주고 싶어서 이 과정을 신청했다고 했다.

간호사인 또 다른 수강생은 사회생활 중 MZ 세대들도 많고 영상으로 과제물 제출하는 곳도 많아서 틱톡을 배워야 할 필요성을 느꼈다고 했다. 새로운 것을 배워야 신세대들과 잘 소통할 수 있기에 틱톡 비기너 과정을 기대하고 있었다.

재노스쿨에서는 틱톡 속박 챌린지를 시작했다. 나는 2인 1조 시스템으로 1기 모더레이터로 발탁이 되었다. 한 달 동안 2 모둠에 계신 분들의 영상들을 공감해 주고 댓글도 달아주는 일을 하였다.

2기에서는 나 혼자 단독으로 모데레이터가 되었다. 이때는 숏폼 튜토리얼 영상을 찍어 챌리지 멤버들에게 공유했다. 그분들이 직접 영상에서 소개되는 편집 기능들을 잘 사용할 수 있도록 도왔다. 처음에는 어려운 영상으로 시작했지만, 그다음에는 틱톡을 처음 시작하는 분들을 위한 쉽고 재미있는 영상들을 만들어 도움을 주었다.

1기에서는 매일 틱톡 영상을 올려서 처음과 마지막의 팔로잉 수와 '좋아요' 수가 얼마나 변화했는지에 따라 우수 참여자가 선발되었다. 그분들은 2기 틱톡 속박 챌린지 무료 참여권을 받았다.

틱톡 속박 챌린지를 통해서 참여자들과 나 자신 모두에게 틱톡 영상을 매일 올릴 수 있는 동기가 되어서 좋았다. 단톡방에서 서로의 영상들에 공감을 해주는 것도 도움이 되었다. 내가 올린 영상을 보고 누군가 공감해 주는 이가 있다는 것은 틱톡을 꾸준히 하게 만드는 원동력이다. 틱톡을 매일 매주 하기 힘들다면, 재노스쿨에서 운영하는 틱톡 챌린지에 참여해보는 것을 권하고 싶다.

챌린지 당첨

틱톡을 하면서 재미있었던 것 중의 하나는 바로 이벤트 챌린지였다.

알림에 들어가면 Tiktok에서 제공하는 〈시스템 알림〉이 있다. 2022년 여름에는 동행복권 챌린지가 있었다. 장윤정의 올레올레라는 신나는 음악에 맞추어 도경완과 장윤정이 추는 댄스 영상에 듀엣 영상을 찍어서 해시태그와 함께 올리는 것이었다. 나는 공원에 가서 영상을 찍었고 운이 좋게 당첨이 되어 40만 원 상당의 미니언즈 냉장고를 상품으로 받게 되었다.

사실 이번 이벤트는 별로 기대를 안 하고 올려서 당첨을 전혀 예상하지 못했다. 그래서 홈페이지에 들어가서 직접 확인할 생각도 못 하고 있었다. 그런데 내가 당첨자 구글 폼을 작성하지 않자, 이벤트 관계자분이 직접 내 영상의 댓글로 당첨 소식을 알려주셨다.

부랴부랴 홈페이지에 들어가서 보니 비싼 상품 중의 하나인 미니 냉장고 당첨자 명단에 내 아이디가 포함되어 있었다. 뜻밖의 당첨이라 더욱 기분이 좋은 경험이었다. 10만 원의 제세부담금을 내야 했지만 좋은 추억의 선물이 될 것 같아 바로 배송받았다.

또 다른 이벤트로 〈여름의 소리〉 이벤트가 있었는데 매미 소리를 들으며 공원에서 달리기하는 영상을 올렸다. 운 좋게 이 역시 편의점 CU 모바일 상품권 5만 원권이 당첨되었다. 덕분에 CU 편의점에서 필요한 것들을 요긴하게 잘 살 수 있었다.

다른 틱톡 친구들은 〈당신의 모든 것을 존중〉이란 이벤트에서 백화점 상품권 100만 원권과 아이폰13을 경품으로 받기도 했다. 특히 내 틱톡 커뮤니티 안에 있는 친구들에게 이렇게 대운이 가는 것이 참 신기했다. 직접 틱톡에서 검색을 해보면 영상으로 당첨의 기쁨을 확인해 볼 수 있다. 틱톡 이벤트 챌린지에 참여해서 영상을 올렸을 뿐인데 이런 기분 좋은 당첨이 되다니 지금 당장 틱톡 알림에서 알려주는 챌린지에 도전하지 않을 이유가 없다. 행운이란 도전하는 자에게 주어지는 법. 이것이 틱톡의 또 다른 묘미이다.

그 외에도 여러 이벤트가 있었고 모두 당첨되는 것은 아니었지만 늘 도전하는 즐거움으로 영상을 찍었다. 커뮤니티 여러 회원들의 응원 댓글만으로도 기분 좋게 참여해 나갔다. 이 글을 쓰기 전 〈초스피트메이크업〉이란 챌린지를 완료했다는 것은 안 비밀이다. 과연 이 이벤트 결과는? 궁금하면 글래드의 틱톡 영상에서 바로 확인해 보기를 바란다.

 틱톡크리에이터로서의 성장

하루는 틱톡을 보다가 우연히 세계여성의 날을 맞이하여 틱토커 네 명이 전하는 소감을 듣게 되었다. 틱톡 추천으로 팔로잉하게 된 쥬니(Juney). 그분은 자신이 아이를 낳고 1년여 동안 얼마나 틱톡 영상 콘텐츠에 진심이었는지를 말해주었다. 정말 1년은 죽었다고 생각하고 온 힘을 다해 영상을 찍었고 하물며 독학으로 편집 기술을 익혀 영상을 편집했다고 했다.

학창 시절에 늘 여러 번 옷을 갈아입었던 자신의 모습을 상기하고 패션으로 콘텐츠를 잡았다고 했다. 영상을 찍을 때마다 마지막에 관계자분들 꼭 연락해 주세요! 라고 했더니 정말 나중에 그분들에게서 연락이 왔다고 한다. 그로 인해 크리에이터로서 더욱 성장할 수 있는 길이 생겼다. 그렇게 노력한 결과들을 보면서 나 역시도 어떻게 콘텐츠를 만들고 영상 편집을 해야 하는지를 고심해 볼 수 있었다.

　추천을 통해 알게 된 Kim의 또 다른 사례도 들어보겠다. 한번은 그의 라이브 방송에 들어가게 되었다. 180여 명의 그의 팬들이 그의 방송과 함께하고 있었다. 영어를 원어민처럼 잘하는 그에게 영어의 비법이 무엇인지 물어보았다.

　그는 의외로 외국에서 살다가 온 적이 없고 순전히 한국에서만 영어공부를 했다고 했다. 그것도 다름 아닌 자기 라이브 방송에서 외국인 친구들에게 영어로 말하는 시간이 많다 보니 자연스럽게 영어가 많이 늘었다고 했다. 순간 이렇게 좋은 방법이 다 있나라는 생각이 들었다. 그 후 나는 바로 라이브 방송을 켤 수 있는 용기가 생겼다.

　Kim처럼 틱톡과 영어 그리고 소통 이 세 가지를 어떻게 접목할까 고민하다가 나는 평소 영어 스터디를 같이 하고 있던 틱톡 친구와 영어 라이브 방송을 해보기로 했다. 우리는 지난 4월 25일부터 평일 새벽 5시 30분에 틱톡 라이브 방송에서 만나 30분간 1대 1로 영어 대화를 하기 시작했다.

　내가 틱톡 라이브를 열면 그 틱톡 친구가 나의 라이브 방송에 들어와 비디오를 켜고 대화를 해간다. 혹 대화에 함께 참여하는 분들이 댓글을 남기면 그것을 읽으며 소통도 한다. 서로 일상적인 대화를 영어로 쭉 해나가다 보니 참 많은 도움이 되고 있다. 우리의 틱톡 영어 스터디는 두 달이 지났고 이것을 1년 내내 쭉 이어 한다면 우리의 영어 실력은 훨씬 더 발전해있을 것이다.

내가 속한 틱톡 커뮤니티 해리컴티에서 얼마 전 라이브 방송에 익숙지 않은 분들을 위해 라이브 챌린지를 열었다. 라이브 방송을 1주일간 하면서 틱톡 친구들과 더 잘 소통할 수 있는 좋은 시간이 되었다. 그리고 팔로워들도 늘릴 좋은 기회도 되었다. 해리컴티 멤버인 코알라님을 그 예의 대표로 들 수 있다.

라이브 방송을 통해 하루 만에 3천 팔로워를 늘리는가 하면 결국 라이브 방송만을 통해서 1주일 만에 1만 팔로워를 달성하였다. 이는 꽤 좋은 예시가 아닐 수 없다. 라이브 방송을 어떻게 활용하느냐에 따라 브랜딩 효과에 큰 차이가 날 수 있다. 나 역시도 나의 라이브 방송이 더 많은 틱톡커에게 추천되기를 바라며 열심히 방송을 해나간다.

해리컴티는 2023년 2월 티몬과 라이브커머스 협약을 맺었다. 처음에는 3명 정도의 해리컴티 틱토커들이 발탁되어 방송을 시작했는데 나중에는 35명으로까지 늘어났다. 쇼핑몰 티몬에서 판매되고 있는 상품 중 일부를 우리 해리컴티 멤버들이 개개인의 틱톡 라이브 방송을 통해 소개하는 새로운 판매전략이었다.

나 역시도 그중의 한 명으로서 5번의 방송을 했다. 처음에는 전문적으로 배운 바가 없는 라이브 커머스 분야였기에 생소하고 떨렸다. 하지만 틱톡에서의 라이브 커머스 시장은 유독 유망 있는 분야이기에 나의 역량을 키워나갈 수 있었던 좋은 기회였다.

틱톡 라이브를 하는 분 중에 유독 연예인같은 틱토커도 있다. 당연히 추천이라는 알고리즘으로 알게 되었다. 연예계 관계자분들이 빨리 이 분 좀 캐스팅해 가면 좋겠다고 했더니 이쪽으로는 전혀 관심이 없다고 했다. 오로지 틱톡으로 팬들과 소통하고 있는 틱톡 계 연예인이다. 편안하고 유머 있게 틱톡 친구들과 소통해 나가는 그분을 보면서 틱톡은 1인 방송을 하기에 최적의 플랫폼이라는 생각이 들었다.

아나의디노 같은 경우는 추천에서 자꾸 뜨길래 처음에는 팔로잉을 안 했다가 이분이 계속 전해주는 마케팅 전략들이 도움이 되는 내용이어서 바로 팔로잉하였다. 추천에서 자주 뜨면 이렇게 나도 모르게 친숙함이 커지며 한순간에 팬이 될 수 있다.

최근에는 한국의 유일한 부부 배우 틱톡커인 권영경과 홍승범의 라이브 방송을 많이 접하게 되었다. 분식집을 운영하면서 배우의 길도 꾸준히 걸어가고 있는 이 두 분은 각자 개인의 라이브 방송을 하면서 팬들과 소통해 나가고 있다. 때로는 분식집에서 음식을 만드는 진솔한 모습도 보여준다. 그 외 TV 프로그램에 출연하고 있는 이야기와 또 가수 출신답게 음악 방송도 하며 멋지게 자신들을 브랜딩해나가고 있다.

한번 보는 광고가 아닌 여러 번 보는 광고에 점점 마음이 끌려가듯이 각자 개성 있는 틱톡커들이 추천을 통해 자신을 알려 나가고 있다. 자신들을 브랜딩해나가고 있는 것이다. 이것이 나는 틱톡의 비전이라고 생각한다. 나를 브랜딩해나갈 수 있는 최고의 플랫폼. 그것이 틱톡이다.

김수진

김수진작가는 대학에서 문학을 전공한 디지털마케팅 컨설턴트로
<브레인학원마케팅> 1인 기업 대표이자 <브레인국어논술> 원장이다.
오픈 카톡방 '학원모'에서 전국에 계신 학원장을 대상으로
학원 분야 온라인 마케팅 교육을 담당하고 있다.

2023 터닝 포인트로 퀀텀 점프하라(공저), 재노북스
2023 매일 경제 틴 입시진학 칼럼
2023 트랙 잉글리시 영어 프랜차이즈 교재 기획
2023 경기도 평생교육 진흥원 배움교실 국어강사 양성과정 강사
2023 미래교육 온라인 학원 마케팅 블로그 강의
2023 이투스 연간검토진

퇴근 후
온라인강사로
변신한 홍대리

Part 9

실패의 끝이 아름다운 이유

CONTENTS

나의 N 번째 창업 이야기

코로나시대, 온라인 수업의 시작

온라인 강사로 살아남은 비결

온라인 강의 판매 전략

경험이 만든 또 다른 기회

나의 N 번째 창업 이야기

　대학 3학년부터 시작한 학원 강사로 14년간 일했고 결혼 후에는 세 아이를 키우며 7년간 전업주부로 살았다. 나는 세 아이를 키우는 것만으로도 벅차서 맞벌이는 엄두도 내지 못했다.

　아이들이 커가면서 남편의 수입만으로 5인 가족 생활비는 빠듯했다. 아이들이 한참 손이 가는 시기도 어느 정도 지나서 다시 일해야겠다고 마음먹었다. 그렇지만 7년 경력 단절된 아이 셋 아줌마의 구직은 만만하지 않았다.

　이력서를 넣을 때마다 번번이 채용에서 떨어졌다. 서류 통과는커녕 면접까지 가지도 못하자 과거의 경력만으로 당장 구직이 어렵다는 사실을 깨달았다. 구직 준비를 위해 여성 인력 개발센터에 가서 당장 배워서 써먹을 수 있는 강좌를 찾아봤다. 재취업 준비 과정에는 비용과 시간이 들어가다 보니 시작부터 부담이 된다.

　누군가 나를 채용하지 않는다면 내가 나를 채용한다는 각오로 '1인 여성 기업' 창업에 도전했다. 구직이 아닌 창업으로 눈길을 돌리자 또 뭔가에 가로막히는 기분이었다. 도대체 창업은 뭐부터 시작해야 하는지 감이 오지 않았기 때문이다. 그 답을 찾기 위해 도서관에서 창업과 1인기업 관련 책을 읽기 시작했다.

　내가 가진 재능을 가장 크게 발휘할 수 있는 일은 무엇일까? 질문에 대한 답을 찾기 위한 고민은 깊어졌다. 창업도 처음인데 창업 아이템 조차 없다니. 뭘 하더라도 초보부터 시작하느니 이미 배운 내용과 몸에 익은 일을 활용하면 좋겠다는 생각으로 공부방을 창업했다.

학원 강사로 14년간 일했기에 누구보다 가르치는 일에 자신이 있었다. 그렇다고 공부방 운영이 처음부터 쉬운 일은 아니다. 먼저 공부방을 창업한 선배 교사들을 만나서 조언을 듣고 싶었지만 아는 사람이 없었다.

창업에 대한 정보를 얻기 위해 네이버 검색창에 '공부방 창업'이라고 쳤다. 검색 결과로 상위 노출된 카페는 회원 수가 압도적으로 많은 〈성공운〉이 1위였다. 그날 이후 공부방 선생님들의 창업 관련 게시글을 읽기 시작했다.

12만 명이 넘는 공부방 선생님들이 가입한 카페를 통해 공부방 창업에 대한 현실적인 조언을 얻었다. 게시글 중에 실제로 궁금했던 내용이 있으면 게시글을 읽고 댓글에 다양한 의견을 읽어보고 생각을 정리했다.

3개월간의 준비 끝에 거주하고 있는 아파트 방 한 칸을 시작으로 공부방을 시작했다. 네 명의 학생을 시작으로 스무 명의 학생을 가르치며 공부방을 운영했다. 내가 공부방을 운영하며 크게 달라진 점은 경제적 자립이 이뤄졌다는 사실이다. 경제적 여유와 함께 직업적 성취를 얻자, 내적 만족도가 올라가서 삶의 질이 크게 향상되었다.

 코로나 시대, 온라인 수업의 시작

공부방 운영이 마냥 쉬운 일만은 아니었다. 공부방을 운영하며 일과 육아 그리고 가정 살림까지 세 마리 토끼를 쫓는 일은 결코 쉬운 일이 아니기 때문이다. 일에 치이면 그만큼 아이들을 챙기는 일에 소홀해졌다. 수업이 늦게 끝나는 날이면 가족들의 저녁 식사 준비가 늦다보니 자연스럽게 배달 음식으로 대신 하는 날도 늘어갔다.

많은 사람들이 공부방 창업에 도전하는 이유 중 하나로 임대료가 나가지 않는다는 점을 가장 큰 장점으로 꼽는다. 나 또한 창업 초기 그렇게 생각했다. 그러나 실거주 공간과 일하는 공간이 확실하게 분리되지 않다 보니 가족들의 배려와 희생이 없다면 공부방 운영은 어렵다. 따라서 공부방 운영 시 가족과의 소통과 서로 간의 배려가 무척 중요함을 잊지 말자.

공부방에서 학생과 만나서 수업하는 것은 나에게 큰 행복감을 줬다. 앞으로 더 노력하면 공부방에서 학원으로 확장해서 이전할 수 있다는 목표를 가지고 공부방을 키우던 무렵이었다.

공부방 운영 2년 차 겨울, 갑자기 코로나가 터졌다. 정신없이 달려온 시간과 노력은 코로나 이후 곧바로 학생들의 휴원과 퇴원으로 이어지고 말았다. 답답한 마음에 네이버 카페 〈아프니까 사장이다〉에 접속해 보니 나와 비슷한 상황을 겪는 자영업자는 늘어나고 있었다.

3개월의 어려운 시기를 버티다가 결국 2020년 1월에 〈브레인K 공부방〉

을 폐업했다. 창업 준비는 길었지만 폐업 신고는 아주 간단하게 끝났다. 공부방 폐업 이후, 내 마음은 온통 허탈함으로 가득 찼다.

'이제 다시 무엇을 해야 할지 아니 내가 무얼 할 수 있을까?' 싶던 그때 남편이 이끄는 대로 가서 도착한 곳은 5.5평의 작은 상가였다. 상가를 보는 순간 여기라면 어쩌면 다시 시작할 수 있지 않을까 싶은 마음에 다음 날 상가를 계약했다.

공부방 폐업 이후 한동안 사업 실패 이유를 찾기 위해 스스로 책망하기 시작했다. 누구에게 털어놓지 못하고 끙끙 앓다가 그래봐야 바뀌는 것이 없다는 생각이 들어서 생각을 고쳐먹었다. 이대로 가다가는 어쩌면 또 망할 것 같았기 때문이다.

동시에 교습소 의자에 앉아서 새롭게 연 〈브레인논술교습소〉의 반짝이는 현광등 로고를 보며마음을 다잡았다. 나에게 다시 한번 주어진 기회를 그대로 날려버릴 수 없기에 더욱 발버둥쳤다.

그때부터 교습소를 알리기 위한 아파트 광고부터 시작해서 네이버 카페 게시판 활용 및 네이버 블로그 포스팅 등 교습소 홍보에 적극적으로 매달렸다. 5개월쯤 홍보하자 두 명의 학생이 교습소에 등록했다. 그러나 학생은 더 늘지 않았다.

도대체 뭐가 문제일까 싶었다. 그즈음 〈트로피9〉 지사장님에게 전화가 걸려왔다.

"원장님, 요즘 어떻게 지내세요? 새로 오픈하신 교습소는 잘 되시죠?"
나는 한참 뜸을 들이다가 지사장님께 내 속사정을 털어놨다.
그랬더니 지사장님께서 나에게 물었다.

"원장님, 혹시 온라인 수업도 같이 하시나요?."

그때까지만 해도 온라인 수업에 대해 전혀 생각하지 않았다. 지사장님이랑 온라인 수업 이야기를 나누고 내 머릿 속엔 큰 변화가 일어났다. 온라인 수업에 도전해야겠다고 마음먹은 계기가 그때였다. 온라인 수업 경험이 없는 나에게 지사장님은 온라인 수업을 매우 잘 활용하는 원장님 사례가 있다고 자료를 메일로 선뜻 보내주셨다.

어려운 시기지만 성공하는 학원 원장님의 온라인 수업 자료를 읽었다. 순간 나는 깜짝 놀랐다. 다들 코로나로 인해 학원 운영이 어렵다고 난리인데 오히려 더 잘 되는 사람도 있다니! 심지어 그 원장님은 나처럼 작은 교습소에서 학원으로 확장 이전했다고 한다. 그 말을 듣고 난 후, 어쩌면 온라인 수업이 내게 큰 기회일 수도 있겠다는 생각이 들었다.

 온라인 강사로 살아남은 비결

온라인 강사는 특정 플랫폼을 통해 강의를 녹화해서 VOD나 파일 형태로 학생들이 필요할 때 직접 수강하는 수업이라고 생각했다. 실시간으로 학생들과 쌍방향 형태로 수업을 할 수 있는 ZOOM이나 구글 미팅에 대해 알게 되자 무척 신기했다.

코로나로 인해 이미 많은 학생은 온라인 수업에 대해 익숙해져 있을 때였다. 변화한 시기에 알맞게 수업 준비하려면 반드시 온라인 수업을 해야겠다고 생각했다. 그러던 차에 국어논술 원장님들과 수업 연구를 목적으로 '초등 국어 스터디'를 결성했다. 다들 만나기엔 거리가 멀어서 각자 공부한 내용을 온라인으로 만나서 발표하는 시간을 가졌다.

'초등 국어 스터디'를 통해 온라인 수업에 익숙해질 무렵, 온라인 수업을 조금씩 늘렸다. 뭐든 시작이 어렵지 몇 번 하다 보면 익숙해지기 마련이다. 온라인 수업에 대한 두려움이 사라지자 나는 수업 대상을 어린이에서 성인으로 넓혀나갔다.

온라인 수업을 운영하자 교습소 운영 시 크게 달라진 점이 있다. 학생 모집 시 굳이 거리 설정을 교습소 반경 2km로 제약할 필요가 없었다. 그때부터 네이버 블로그 포스팅이나 인스타 게시물에 교습소 대면 수업과 온라인 수업 시간표를 동시에 올렸다.

코로나라는 특수한 상황이 맞물려서 온라인 수업에 대한 수요가 높아지고 있었다. 또, 광고 지역을 넓게 설정한 덕분에 서울부터 경기도 남양주나 다산 일대 학생들 수업 의뢰가 꾸준하게 늘어났다.

5.5평의 작은 교습소에서 개원 1년 만에 50명이 넘는 학생을 가르칠 수 있었던 것은 온라인 수업에 대한 가능성을 알려주신 〈트로피9〉 이용중 지사장님의 조언 덕분이다. 사업이 잘 되느냐는 질문을 받았을 때 난감했다.

공부방을 폐업하고 또다시 교습소가 잘 안된다는 말이 선뜻 입 밖으로 나오지 않았기 때문이다.

순간의 거짓말로 대답하기 어려운 상황을 모면하기보다는 문제에 대해 솔직히 말해서 현실적 조언을 구하는 게 때로는 필요했다. 그때 내가 겪은 위기를 혼자 끙끙 앓는다고 해결되는 문제는 하나도 없었을 것이다.

사업 초기 동종업계 원장님들과의 소통을 위해서 가입한 오픈 카톡방 〈학원모〉에는 나와 같은 문제를 겪는 분들이 있었다. 개원 초기 임대료와 관리비를 내지 못할 정도로 고전하던 시기를 극복한 나에 이야기에 관심을 보인 원장님들이 있었다.

나는 그들에게 나만의 필살기인 블로그 마케팅에 대한 강의를 줌에서 강의했다. 학생들을 가르친 경험은 있어도 전국에 계신 동종업계 원장님들을 대상으로 강의를 하긴 처음이라 무척 떨렸다.

강의 당일 몇 명 안 오시면 어쩌나 하는 염려와 달리 1부에 80명과 2부에 70명으로 150명의 원장님들이 '브레인K의 블로그 키우기' 강의를 온라인으로 듣기 위해 줌에 모여들었다. 강의준비를 했음에도 첫 번째 강의는 내용 전달하기에 급급한 강의로 끝났다,

그럼에도 불구하고 온라인 강의에 들어온 원장님들께서는 경험을 나누려는 나의 마음을 알아봐 주시고 힘이 나는 말을 해 주었다. 그때 받은 긍정적 에너지로 밤새 강의안을 만들고 강의 준비를 할 수 있었던 힘이 되었다.

공부방 폐업은 분명 내게 실패였다. 실패한 후 아무것도 하지 않으면 그게 진짜 실패다. 나는 실패를 통해 희망을 품었다. 실패의 끝은 아름답다. 다시 한번 도전할 수 있기에.

 온라인 강의 판매 전략

블로그 학원 마케팅을 주제로 지금까지 100차례 이상 강의했다. 2020년에 시작한 나의 첫 온라인 강의는 지금 생각해보면 강의라고 할 수 없을 정도로 부족했다. 그렇지만 모자란 실력을 채워줄 열정 만큼은 넘쳤다. 온라인 강사 경력이 짧은 내가 그 시장에서 살아남을 수 있었던 비결은 딱 하나다. 나의 경험과 지식이 그 누군가 도움이 된다면 시간과 장소를 따지지 않고 수업했다는 점이다.

지금부터 온라인 강의를 준비하는 예비 강사가 있다면 이렇게 말해주고 싶다. 전문성이 강한 강의 시장은 이미 베테랑 강사들이 선점하고 있어서 온라인 강의 시장의 진입 장벽이 높을 수 있다. 치열한 온라인 강의 시장에서 나만의 콘텐츠가 얼마나 필요한지 생각해 봐야 한다.

예를 들면, 블로그의 역사는 이미 20년이다. 지금까지 얼마나 많은 블로그 고수들이 강의 시장에서 자신만의 강의를 팔았나? 레드오션에서 퍼플오션을 찾기 위한 고민이 필요했다. 그래서 나는 내가 가장 잘 아는 분야인 교육서비스 전문 블로그 마케팅 강사로 경력을 쌓았다.

새로운 분야나 다양한 관점에서 바라볼 수 있는 영역의 강의라면 파고들 틈은 충분히 열려 있다. 먼저 나부터 그 분야에 몰입해야 한다. 또, 누가 나를 불러주기 전에 스스로 강의할 곳을 찾아야 한다. 그래서 강사는 강의만 잘한다고 성공하는 것이 아니라 자신의 강의를 팔 수 있어야 성공한다.

우리가 살아가는 이 시대는 SNS로 많은 사람들이 시간을 보낸다. 전국 아니 전 세계가 무대가 될 수 있는 이유도 거기에 있다. 그렇다면 자신에게 맞는 플랫폼을 선택해서 꾸준하게 활동하는 것이 필요하다. 온라인 시장의 현장이 바로 그곳이기 때문이다.

평소 사람들과 소통하는 것을 좋아한다면 오픈 카톡방을 추천한다. 남에게 자신을 드러내는 것에 거리낌이 없는 성향이고 자기 철학이 명확한 사람이라면 인스타그램이 유리하다. 나의 경우 수다 떠는 것도 좋아하고 기록하는 것을 좋아한다. 그래서 선택한 SNS가 오픈카톡방과 블로그이다.

다양한 SNS를 잘만 활용한다면 시간과 장소에 구애받거나 큰 비용을 들이지 않고 나를 홍보할 수 있다. 온라인 수업을 기획하고 알리고자 할 때 비슷한 관심사를 가진 사람들이 모인 오픈카톡방을 검색해 보고 가입해서 활동하며 그 방의 분위기를 파악하고 공지글을 제대로 읽어야 한다. 홍보를 하기 이전에 방장이나 부방장에서 먼저 1:1 카톡으로 홍보 가능 여부를 물어보는 게 가장 좋다.

또, 검색을 통해 수강생이 찾아올 수 있도록 블로그에 수업 홍보를 하는 것도 좋다. 내 경우 매월 20일에 수업 오픈을 알리고 수업 등록 기한 안에 등록시 얼리버드 수업료를 적용해서 빠른 시간에 수강생을 모집했다. 수강생 모집과 동시에 맛보기 강좌를 월 1회 진행하며 수업에 대한 기대 효과를 알렸다. 그 결과 오픈 강좌에 들어온 사람들이 등록으로 이어지는 확률을 높일 수 있었다.

온라인 교육 시장은 코로나19 이후 급격히 발달했다. 평균 기대 수명이 점점 늘어나고 있는

지금은 평생 교육 시대이다. 대학을 졸업한 성인도 자기 계발을 위해 다양한 교육을 원하고 있다. 성인 학습자가 증가하면 그만큼 강의 시장은 커질 수밖에 없다.

특히 온라인 강의 시장의 미래는 앞으로 더욱 밝을 것이다. 온라인 강의 시장에서 기회가 오기만을 기다리지 말고 기회를 만들어라. 그리고 잡아라.

경험이 만든 또 다른 기회

지난 주 일요일, 홈플러스 문화센터 신내점에서 네이버 블로그로 수익 창출하기 강의를 하고 왔다. 전업주부일 때 홈플러스 문화센터를 지나가며 전단지에 실린 강사의 사진이나 프로필을 보고 부러워하던 시절이 떠오른다.

블로그 강의를 온라인에서 시작했는데 지금은 온라인 강의 뿐 아니라 현

장 강의 요청도 들어온다. 처음부터 강의 의뢰가 들어온 것은 아니다. 정규 수강생 모집을 위한 강의를 할 때마다 수강 후기를 남긴 분들에게 마지막엔 강의 PPT와 녹화 영상 제공을 제공한다고 안내했다.

　학원 운영을 하는 원장님들이 학생들을 모집하기 위해 홍보에 전력을 다하는 시기인 11월부터 3월이 블로그 강사인 나에게도 성수기이다. 이제 2학기 시즌을 준비하는 7월이 다가오고 있다. 온라인 강의를 시작한 지 1년쯤 지나자 나에게 또 다른 기회가 찾아왔다. 경기도 교육 플랫폼인 찾아가는 배움 교실에서 신규 강사 양성 과정을 온라인으로 진행해 줄 수 있느냐는 제의였다. 만약 내가 온라인 강의 환경에 익숙하지 않았다면 그 기회를 잡지 못했을 것이다.

　온라인 강사의 영역에서 다양한 강의 분야로 진출하고 싶었다. 만약 문화센터에서 강의를 꿈꾸는 사람이 있다면 강사 지원서를 작성해서 제출해야 한다. 예들들어 홈플러스는 홈플러스 문화센터 홈페이지와 별도로 강사 플러스 홈플러스를 운영한다. 강사 지원을 원한다면 강사 지원서를 강사 플러스에 등록해야 한다. 홈플러스,롯데마트,이마트,이마트 트레이더스,롯데백화점,현대백화점 등 마트와 백화점에서 운영하는 강사 채용 사이트를 통해 강의 활동 영역을 넓히는 것도 가능하다.

　평생교육진흥원 강사로 활동하고자 한다면 강사은행제도를 활용해 보자. 강사은행제도는 각 기관에서 필요한 강의를 하는 강사를 연계해 주고 지역 내 강사 간 커뮤니티를 제공한다. 강사은행에 등록을 하면 심사를 거쳐 승인이 되면 지역 사회 평생교육기관에서 활동이 가능하다.

그 외 여성인력개발센터는 구직 사이트인 잡코리아나 홈페이지 모집 공고를 통해 강사를 모집하는 경우가 일반적이다. 나또한 잡코리아 채용 코너에서 블로그 강사라는 키워드로 강사 채용 게시글을 검색하다가 송파여성인력개발센터에 온라인마케팅 강사 분야 중에서 블로그 강사에 지원한 일이 있다.

온라인 강의를 시작하면서 나의 삶은 크게 변했다. 처음에는 단순히 부업으로 시작했던 것이 이제는 나의 주된 직업이 되었다. 강의를 준비하면서 끊임없이 공부하고 연구하는 습관이 생겼고, 이는 나의 개인적 성장으로 이어졌다. 또한 다양한 분야의 사람들을 만나고 그들의 이야기를 들으면서 세상을 보는 시야가 넓어졌다. 온라인 강의는 단순히 지식을 전달하는 것을 넘어, 나 자신을 발견하고 성장시키는 소중한 기회가 되었다. 이제는 강의를 통해 누군가의 인생에 긍정적인 변화를 줄 수 있다는 사실에 큰 보람을 느낀다.

앞으로의 계획은 더욱 다양한 분야로 강의 영역을 확장하는 것이다. 블로그 마케팅뿐만 아니라 온라인 창업, 디지털 리터러시, 인공지능 활용 등 시대의 흐름에 맞는 새로운 주제들을 연구하고 있다. 또한 오프라인 강의와 온라인 강의의 장점을 결합한 하이브리드 형태의 강의 모델도 구상 중이다. 더불어 나의 경험과 노하우를 담은 책을 출간하여 더 많은 사람들과 지식을 나누고 싶다. 온라인 강사로서의 여정은 끝없는 도전의 연속이지만, 그 속에서 나는 매일 새로운 가능성을 발견하고 있다. 앞으로도 계속해서 배우고 성장하며, 나의 지식과 경험이 누군가에게 도움이 되길 바란다.온라인 강사로 활동하더라도 오프라인 강의 기회를 스스로 만들어 강의력을 쌓는 일은 매우 중요하다.